초등부터 집중하는
기본 튼튼
엄마표 입시

기본 튼튼 엄마표 입시

2023년 08월 17일 초판 01쇄 인쇄
2023년 08월 28일 초판 01쇄 발행

지은이 샤론코치 이미애·신선형·엄태욱

발행인 이규상 편집인 임현숙
편집팀장 김은영 진행 배소미 책임마케팅 이채영
기획편집팀 문지연 이은영 강정민 정윤정 고은솔
마케팅팀 강현덕 이순복 김별 강소희 이채영 김희진 박예림
디자인팀 최희민 두형주 회계팀 김하나

펴낸곳 (주)백도씨
출판등록 제2012-000170호(2007년 6월 22일)
주소 03044 서울시 종로구 효자로7길 23, 3층(통의동 7-33)
전화 02 3443 0311(편집) 02 3012 0117(마케팅) 팩스 02 3012 3010
이메일 book@100doci.com(편집·원고 투고) valva@100doci.com(유통·사업 제휴)
포스트 post.naver.com/100doci 블로그 blog.naver.com/100doci 인스타그램 @growing__i

ISBN 978-89-6833-440-5 13590
ⓒ 이미애·신선형·엄태욱, 2023, Printed in Korea

물주는하이는 (주)백도씨의 출판 브랜드입니다.
이 책은 저작권법에 따라 보호받는 저작물이므로 무단 전재와 복제를 금지하며,
이 책 내용의 전부 또는 일부를 이용하려면 반드시 저작권자와 (주)백도씨의 서면 동의를 받아야 합니다.

* 잘못된 책은 구입하신 곳에서 바꿔드립니다.

초등부터 집중하는
기본 튼튼 엄마표 입시

샤론코치 이미애 · 신선형 · 엄태욱 지음

우리 아이의 튼튼한 미래를 위해
엄마인 내가 일타 코치 입시맘이
되기로 했다!

물주는아이

×ㅇ 들어가는 글

샤론코치연구소 명품 온라인강의가 기본 튼튼 엄마표 입시로 탄생하다

코로나19 팬데믹은 교육 현장에 큰 변화를 가져왔습니다. 전염병으로 인해 학교에 가지 못하는 상황이 되자 온라인교육은 어쩔 수 없는 대안이 되어, 가정은 학교가 되었고 컴퓨터는 교사가 되었고 학부모는 책임자가 되었습니다. 아무런 예고도 없이 발생한 일이라 교육 현장에 있는 대부분의 사람들이 허둥대었으며 갈 길을 잃은 학생을 바라보는 학부모의 마음은 까맣게 타들어 갔습니다.

공부는 학교에서 그리고 학원에서 하는 거라고 믿었던 학부모들은 자녀의 24시간을 바로 옆에서 지켜보며 많은 생각을 했을 것입니다.

'이 아이가 학교에서도 이렇게 공부했나?' '똑바로 30분도 앉아 있지 못하니 공부는 엉터리로 했겠구나.' '아니, 이 학교는 온종일 EBS만 틀어 주네.' '선생님들은 수업 준비를 안 하시나?' ' 다른 학교에서는 쌍방향 줌수업을 한다고 하던데……'

코로나19는 학부모가 적극적으로 교육에 관심을 가져야 한다는 명제를 던져 주었습니다.

지혜롭고 발 빠른 엄마들은 공부를 하기 시작했습니다. 대한민국 교육과정을 숙지했고, 과목별 학습법을 익혀서 자녀에게 가르쳐 주었으며, 상급 학교 입학 요강을 분석해서 입시를 대비했습니다. 학교에 못 가더라도 시간이 지나면 학년은 올라갈 테고 입시는 치러야 한다는 사실을 알았기 때문입니다. 혼란과 열정의 한복판에 샤론코치연구소 온라인강의가 굳건하게 자리를 지키고 있었습니다.

샤론코치연구소 온라인강의는 코로나19 이전에 시작되었습니다. '화목한 가정에서 인재 난다'라는 모토 아래 '엄마표 학습을 돕는 전문가 꿀팁' 프로젝트를 진행하며, 대치동을 비롯한 교육특구의 명강사들이 학부모가 바로 적용할 수 있는 시크릿 정보를 알려 준 것입니다. 이 수업은 학부모의 불안감을 없애 주고 지나친 사교육을 줄여 주는 효과를 나타내었고, 코로나19 이후에는 전국의 학부모님들은 물론이고 해외에서도 많은 학부모님들이 수강하는 등 좋은 반응이 이어졌습니다.

그중에서도 샤론코치의 상위1% 행복사전, 신선형 원장의 여신수학, 엄태욱 선생님의 MI국어는 교육특구 대치동의 고급 정보와 친절한 교수법을 제공하여 팬덤을 형성하였습니다.

《기본 튼튼 엄마표 입시》는 명품 강의로 인정받은 샤론코치 행복사전, 여신수학, MI국어 중 가장 핵심적인 내용만을 선별해 구성했습니다. 수학과 국어는 물론이고 교육과 입시의 혜안을 얻을 수 있을 것입니다. 입시는 단거리 경주가 아니라 마라톤입니다. 부디 웃음이 가득한 가정에서 행복한 입시맘 시절을 즐기시기 바랍니다. 이 책은 초등 학부모님들께 드리는 세 사람의 귀한 선물입니다.

샤론코치 이미애

저에게 수학을 배우는 것은 감사하게도 매우 재미난 경험이었습니다. 수학만큼은 남의 도움 없이 스스로 일정을 짜고 매번 새로운 도전 목표를 세우며, 목표를 달성하는 것에 큰 희열을 느꼈습니다.

수학은 누군가가 가르쳐 준 확실한 답이 아니라, 나만의 방식으로 풀어 가며 정의를 내리는 것이 허락된 유일한 과목이 아닌가 싶습니다. 그래서 다른 학생들도 저처럼 수학 풀이 과정에 대한 희열을 이해하고 즐기고 있을 줄 알았지만 실상은 많이 달랐습니다. 수학 공부를 힘들어하는 학생들, 떨어지는 학습 성취도 결과, 수많은 수학 학원이 있음에도 어디를 보내야 하나 고민하고 더 나은 곳을 찾고자 전전긍긍하는 학부모님들의 모습……. 과연 수학을 배우는 과정에서 다른 학생들과 저와의 차이가 무엇이었을까 고민해 보았습니다. 그래서 제가 이 책에 담은 내용은 어쩌면 '어떻게 하면 자녀의 성적이 오를까'에 대한 내용이 아닌, '어떻게 하면 자녀가 수학의 진정한 의미를 깨달을까'에 초점이 맞춰져 있을지도 모릅니다.

저는 학생의 입장에서 이런 순서로 배운다면 제가 예전에 그러했듯이 수학에 대한 진정한 의미를 깨닫고, 그 의미를 깨닫는 순간 스스로에 대한 자신감이 생겨 정복하고자 하는 욕구가 생길 것이라 믿으며 교수법을 개발하고 아이들을 가르칩니다. 동시에 학부모의 관점에서 '이렇게 유도하고 코치하면 자녀가 수학의 참 재미를 깨달을 것이다'라는 의미를 전달하려 노력합니다. 수학에 대한 진심 어린 마음과 핵심 노하우를 이 책에 듬뿍 담았습니다.

신선형

교육 컨설팅을 하다 보면 이런 고민을 많이 접합니다.

"중간고사를 망치고 나서 저랑 아이가 이번 기말고사는 정말 열심히 준비했거든요. 학원도 늘리고, 예습·복습도 철저히 하고, 또 학원 테스트에서도 잘한다고 칭찬받았는데, 결과는 똑같아요. 선생님, 대체 뭐가 문제일까요?"

성적은 학원을 옮긴다고, 좋은 강사를 만난다고 쉽게 바뀌지 않습니다. 이를 통해 '지식'은 확장될지 모르지만, 지식을 바탕으로 문제를 풀어야 하는 우리 아이의 '태도'는 변하지 않기 때문입니다. 상위권 학생과 아닌 학생의 차이는 학습량이나 선행의 여부가 아니라 학습 태도와 문제 풀이 태도에 있을 수 있습니다. 시험이 어렵게 나와도, 범위가 아닌 곳에서 출제가 되어도, 심지어 출제 오류가 있어도 문제 풀이 태도가 좋은 아이들은 상위권을 놓치지 않더군요. 다시 말해 함정 문제에 빠지지 않고, 시간 관리를 잘하며, 실수를 최소화한다는 말입니다.

그런데 학습 태도가 좋지 않은 학생을 나무랄 수만도 없습니다. 문제를 풀 때는 이런 태도를 가져야 한다고 강조해서 알려 준 사람이 지금껏 없었기 때문입니다. 그래서 많은 학생이 이를 깨달은 후 놀랄 만큼 빠른 성적 향상을 경험합니다.

저는 제 학생들이 자신의 능력대로 성적 받기를 원합니다. 한국인이라면 국어 시험에서 1, 2등급을 받을 수 있는 능력을 갖추고 있고요. 다만 좋지 않은 문제 풀이 습관과 태도로 점수를 깎고 있었던 것이지요. 이 책을 통해 어떻게 하면 초등 단계에서부터 차근히 1등급의 태도를 갖추어 나갈 수 있는지 말씀드리겠습니다.

엄태욱

들어가는 글
- 샤론코치 이미애 _ 04
- 신선형 _ 06
- 엄태욱 _ 07

1부　샤론코치의 튼튼 교육 전략

행복한 엄마가 우등생을 만든다

· 엄마부터 행복하자	15
· 아이의 사춘기, 엄마의 화부터 다스리자	22
· 우리 아이 사춘기 매뉴얼	31
· 우등생 만드는 엄마의 교육법	42

다시 한번 변화하는 교육과정

· 2022 개정 교육과정으로 달라지는 것들	51
· 미래 사회를 주도하는 디지털 인재	60
· 고교학점제에 대한 이해	66

 **코로나가 지나간 자리, 달라진 것과 변함없는 것**

· 온라인 자기주도학습의 시대   71
· 놓치지 말자, 수행평가 : 노트 필기와 말하기의 중요성   80

 **슬기로운 학교생활, 가고 싶은 학군지**

· 엄마가 알아야 하는 성적표의 의미   93
· 학군지와 적절한 이사 시기   103

2부   신선형 선생님의 튼튼 수학 전략

 **수학 공부, 이렇게 시작하세요**

- 수학, 알고 보면 재밌는 과목   121
- 개념을 잡아야 수학을 잡는다   131
- 자기주도학습으로 자신감과 흥미를   139

 **엄마표 수학 만점 로드맵**

- 학원 테스트보다 강한 엄마표 홈 테스트   149
- 엄마가 알려 주는 오답 노트 작성법   156
- 우리 아이 맞춤형 선행 로드맵   164

 **슬기로운 학교 + 학원 생활 : 수학 편**

- 초등 수학 완전 정복   175
- 안으로는 내신 관리, 밖으로는 경시대회 도전   185
- 수많은 수학 학원, 우리 아이에게 맞는 곳은?   194

3부   엄태욱 선생님의 튼튼 국어 전략

 **국어 공부의 기초, 이렇게 다지세요**

- 국어 공부, 독서만이 정답은 아니다 　　　　　　　　　　205
- 유초등 국어 학습, 성장 단계를 고려하라 　　　　　　　　216

 **초등부터 준비하는 수능 국어**

- 국어 1등급을 위한 시작 　　　　　　　　　　　　　　　229
- 독해력 훈련의 비밀 　　　　　　　　　　　　　　　　　235
- 등급을 가르는 열쇠, 문학 개념어 　　　　　　　　　　　253
- 국어 성적, 이렇게 하면 오른다 　　　　　　　　　　　　270

EDUCATION

교육
코칭

1부

샤로코치의
튼튼 교육 전략

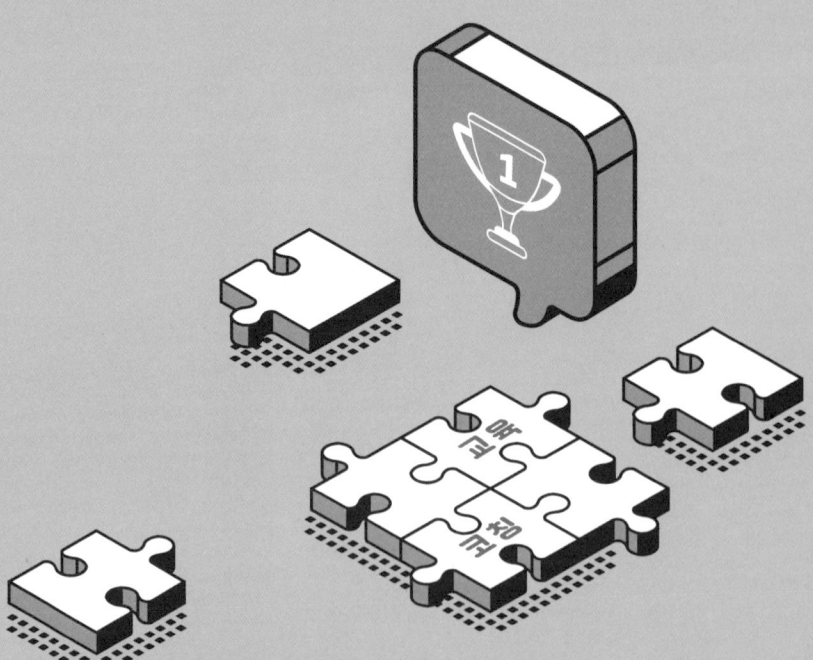

행복한 엄마가
우등생을
만 든 다

엄마부터 행복하자

얼마 전 미국에 다녀왔다. 아들이 드디어 카네기멜론 대학교 로보틱스 석사를 마치게 되었다. 정확히는 'CMU(Carnegie Mellon University) SCS(School of Computer Science) DIPLOMA CEREMONY'였는데 졸업생 한 명 한 명이 학장에게 졸업장을 받고 가족의 축하를 받는 자리였다. 아들은 취업이 되어 졸업 후에도 미국에서 근무하게 되었다. 아들의 졸업식을 마치고 귀국하는 비행기 안에서 참으로 많은 생각을 했다. '이제 부모로서의 일을 마쳤구나'

결혼을 시킨 것은 아니지만 이제 신체적, 정신적, 경제적으로 독립시켰다고 생각하니 한편으로는 홀가분하고 한편으로는 수십 년 동안 고생한 내 자신이 대견스러웠다.

이렇게 아이의 양육, 교육, 입시, 진로를 함께하며 길게는 30여 년까지도 이어지는 '엄마 노릇'. 장기 레이스도 이런 초장기 레이스가 없다. 이 기나긴 길을 우리는 잘 걸어가고 있는 걸까. 엄마들은 엄마라는 이름의 무게 때문에 자칫하면 자기 자신은 뒷전이 되기 쉽다. 엄마들이 스스로를 뒤로 미루면서 아이의 양육과 교육에 이토록 최선을 다하는 이유가 무엇인가. 내 아이는 나보다 조금 더 키가 컸으면, 내 아이는 나보다 조금 더 좋은 학교를 갔으면, 나보다 조금 더 좋은 집에서 살고, 좋은 직장을 다니고, 조금 더 편하게 살았으면…… 하는 이유다.

이런 마음들을 하나로 뭉뚱그려 표현하면 결국 아이의 '행복'이다. 그런데 엄마가 모든 것을 아이에게만 집중하면 아이가 행복할까? 나는 아니라고 본다. 아무리 내 속으로 낳은 아이라도 아이는 하나의 독립된 존재라는 것을 잊으면 안 된다. 엄마의 행복에 있어 아이가 가장 큰 부분을 차지하는 것은 분명하다. 하지만 그게 전부가 된다면 엄마의 행복을 전부 자신의 등에 짊어진 아이는 그 무게가 얼마나 버겁겠는가.

그래서 나는 아이의 행복을 진정으로 바라는 엄마라면 먼저 엄마 자신부터 행복해야 한다고 생각한다. 감정은 전염되기 때문이다. 다들 "네가 그렇게 우울해하니까 나까지 기분이 처진다." 혹은 "네가 좋아하니까 나도 좋네." 같은 말을 하거나 들어 본 경험이 있을 것이다. 이렇게 가까이 있는 사람의 감정이나 정서 상태에 영향을 받는 것을 '감정 전염' 혹은 '정서 전염'이라고 한다. 당연히 엄마와 아이 사이에서는 이런 전염이 더 쉽게, 더 잘 일어난다. 그래서 물이 위에서 아래로 흐르듯 엄마가 행복해야 아이도 행복하다는 공식이 성립하는 것이다.

그렇다면 엄마의 행복은 어디에서 오는 것일까. 엄마도 엄마이기 이전에 사람이다. BTS가 UN 연설에서도 말하지 않았던가. 진정한 사랑은 자기 자신을 사랑하는 것에서부터 시작된다고(true love first begins with loving myself). 나는 엄마들이 엄마라는 이름으로 자기 자신을 잃지 않았으면 좋겠다. 그런데 만나면 꼭 주변 사람들의 이야기를 자랑처럼 늘어놓는 사람들이 있다. 친척 중에 이런 사람이 있다는 둥, 시가 누구는 어떤 사람이라는 둥, 사돈에 팔촌까지 들먹이며 자랑하는 친구들을 만나면 나는 물어본다.

"그런데 당신은?"

그러면 대부분은 입을 다문다. 다른 사람 자랑할 때는 그렇게 신나던 사람이 다른 사람 말고 본인 얘기를 해 보라면 할 말이 없어지는 게 얼마나 서글픈 일인가. 가족들을 챙기는 것도 중요하지만 짬짬이 엄마도 자신을 위하는 시간을 챙기자. 다른 사람 자랑에 열을 올리는 사람을 만나는 것도 피곤한 일이지만, 무엇보다 나 스스로가 이런 사람이 되지 말아야 한다.

그러기 위해서는 책도 읽고 영화도 보고, 때로 고생한 나를 위해 소소한 사치도 누리면서 틈틈이 자신을 채우고 위하는 시간을 가져야 한다. 이런 시간은 엄마를 위해서도 필요하지만 아이에게도 좋은 본보기가 된다. 엄마가 조금씩이라도 꾸준히 변화하고 발전하는 모습을 보여 주는 것은 그 자체로 바람직한 삶의 자세를 가르치는 훌륭한 교육이 아니겠는가.

엄마의 행복을 위해 필요한 한 축이 스스로를 위하는 마음이라면 다른 한 축은 어지간한 일은 심상하게 넘길 줄 아는 대범함과 시간의 힘을 믿고 기다릴 줄 아는 인내심인 것 같다. 삼십 대 초반, 우리 부부는 지방에서 한의원을 하는 대학 동창의 집에 초대를 받아서 간 적이 있다. 그 친구의 어머니는 그 옛날에 사업을 크게 하셨던 분이라 그런지 성격이 아주 호탕하셨다. 친구에게는 누나도 있고 여동생도 있었는데, 그 친구가 말하기를 자기 어머니는 시집간 딸들이 친정에 와서 이런 게 힘들다 저런 게 힘들다 아무리 하소연을 해도 눈 하나 깜짝 안 하신다는 거다.
"아무것도 아니다."
어지간한 일은 그 한마디로 일축하신다고. 지금 당장은 눈앞의 문제가 지상 최대의 난제처럼 보여도 인생 길게 보면 아무것도 아니다, 그러니 죽고 사는 문제 아니면 호들갑 떨지 마라. 아직 서툰 것이 많은 초보 엄마였던 그 당시의 나에게 친구 어머니의 그런 모습은 참으로 묵직한

한 방이었다. 엄마는 저렇게 배포가 있어야 하는구나, 작은 일에 일희일비하지 않고 중심을 딱 잡아야 가족들이 쉽게 흔들리지 않고 안전하게 살아갈 수 있구나, 하고 말이다.

드라마 〈나의 아저씨〉에서도 비슷한 장면을 보았다.

"다 아무것도 아니야. 쪽팔린 거? 인생 망가졌다고 수군거리는 거? 다 아무것도 아니야. 행복하게 살 수 있어."

아내가 자신의 대학 후배이자 직장 상사인 남자와 바람이 나 망신을 당한 상황에서도 박동훈(이선균)은 자신을 걱정하는 이지안(아이유)을 안심시키기 위해 그 모든 일이 아무것도 아니라고 말하고 있었다. 그것은 스스로를 다잡는 말이기도 했다. 그리고 실제로 그는 그 모든 상황을 이겨 내고 나름의 해피엔딩을 이루었다. 속에 남모르는 무딘 흉터는 남았겠지만 그 상처를 결국 시간의 힘으로 아무것도 아닌 일로 만들어 낸 것이다.

이렇듯 같은 일이라도 그 일을 대하는 사람의 태도에 따라 큰일이 되기도 하고 작은 일이 되기도 한다. 특히 아이에게는 엄마의 반응이 곧 그 일의 심각성을 인식하는 기준이 된다. 아무리 큰일이라도 엄마가 괜찮다고 하면 괜찮은 일이 되는 거다. 어린아이가 넘어졌을 때를 생각해 보면 쉽게 이해가 될 것이다. 엄마가 놀라서 야단스럽게 굴면 십중팔구 아이는 겁에 질려 으앙 울음을 터뜨린다. 하지만 엄마가 침착하게 별일 아니라는 듯 대하면 아이는 나던 울음도 삼키고 일어나지 않던가.

사실 나이를 먹고서도 별다르지 않다는 걸 몇 달 전에 새삼 느꼈다. 미국에 있는 아들에게서 전화가 왔다. 독립기념일에 로스앤젤레스에서 여행을 하고 피츠버그로 돌아가려고 했는데 뭔가 계획에 차질이 생긴 모양이었다. 비행기가 지연되었는지, 아무튼 연결되는 교통편들도 줄줄이 다 어긋나고 이래저래 고생스럽다고 투덜거리길래 내가 그랬다.

"어유, 그랬어? 그런데 너 영어도 잘하고 돈도 있는데 뭐가 걱정이야? 어차피 해결될 문제잖아. 마음 좀 가라앉히고 잘 해결해서 무사히 가."

당장 짜증스러운 마음은 이해하지만, 조금만 멀리 보면 사실 그게 뭐 그리 큰 문제겠는가. 같이 '어머나, 어떡해!' 하고 발을 동동 구른들 달라지는 게 없을 바에야 어차피 해결될 별것 아닌 문제로 만들어서 침착함을 되찾도록 해 주는 게 낫다는 것이 내 생각이었다. 우리 모두 겪어 봐서 알지 않는가. 많은 일들이 시간이 흐르면 별것 아닌 일이 되기도 하고 누그러지기도 한다. 그러니 마음에 풍랑이 일 때면 '이 또한 지나가리라'를 되새기면서 평정심을 유지할 수 있도록 노력해 보자.

나는 늘 엄마는 아이에게 등대와 같은 존재가 되어야 한다고 강조한다. 배들이 스스로 길을 찾을 수 있도록 어두운 밤에는 빛으로, 비가 오거나 흐린 날에는 소리로 방향을 알려 주며 묵묵히 지켜보는 등대처럼 우리도 그래야 한다고. 그런데 그 등대도 빛을 내고 소리를 내려면 에너지가 필요하고 관리가 필요하다. 그러니 엄마들에게 다시 한번 당부한다. 가족들을 위해서라도 자기 자신에게 소홀하지 말자. 내가 행복해야 내 아이가, 우리 가족이 행복하다는 사실을 잊지 말고 당당하게 나부터 행복하자.

아이의 사춘기, 엄마의 화부터 다스리자

엄마가 화나는 이유

아이를 키우면서 처음으로 맞닥뜨리는 크나큰 고비는 아마도 아이의 사춘기가 아닐까 싶다. 더구나 장기간의 팬데믹 시대를 거치면서 활동이 제약되고 가족끼리 부딪히는 시간은 늘어나면서 사춘기를 심하게 겪는 아이들이 늘어나고 있다. 그냥 사춘기가 아니라 '극사춘기'라고 따로 명명해야 할 정도이다. 그런데 아이들에게만 초점을 맞추다 보면 간과하기 쉬운 것이 있다. 아이에게 사춘기가 올 무렵이면 엄마도 사는 게 한창 버거울 시기라는 점 말이다.

학부모 상담이나 강연 등을 통해서 엄마들을 만나 이야기를 나눠 보면 말과 행동에서 꾹꾹 눌러 놓은 화가 느껴질 때가 많다. 실제로 우리나라 특유의 심리적 질환으로 인정받고 있는 화병(火病)은 남자에 비해 여자가 4배 이상 많이 앓고 있고 그중 특히 사십 대 이상의 여성에게서 많다고 한다. 스스로도 속에 화가 가득 차서 병이 날 지경인 엄마가 어디로 튈지 모르는 럭비공 같은 사춘기 아이를 감당하기가 쉽겠는가. 서로 예민한 상태에서 잘못 부딪혔다가는 자칫 양쪽 다 마음에 평생 남을 깊은 상처가 생길 수도 있다. 그래서 나는 엄마들이 아이의 사춘기를 걱정하기 전에 먼저 자신의 화를 다스리는 법을 알아야 한다고 생각한다.

그렇다면 엄마들은 왜 화가 나는 걸까? 사람이 화가 나는 이유는 셀 수 없이 다양하겠지만 그중 우리가 엄마라는 이유로 공통적으로 겪는 몇 가지 상황들을 생각해 보자.

첫 번째는 내 자신이 초라하게 느껴질 때이다. 살다 보면 갑자기 그런 순간이 있다. 남들은 뭔가 다 그럴듯한 일을 하며 폼 나게 살고 있는 것 같은데 나만 혼자 이게 뭐지, 싶은 기분이 들 때가 말이다. 그런 기분이 들면 평소처럼 집안일을 하다가도 갑자기 울컥한다.

'이 집에서 내가 도대체 뭐야. 청소하는 도우미야? 밥하는 아줌마야? 애 보는 보모야? 정말 화나네!'

초라하다는 것은 누군가와 혹은 무엇과 비교했을 때 생기는 감정이다. 즉 내가 나를 다른 사람과 비교해서 보는 시선이 만들어 내는 감정이라는 뜻이다. 매일 매 순간을 SNS에 올라온 멋진 사진처럼 사는 사람은 없다. 하지만 그걸 알면서도 우리가 초라하고 뒤처지는 듯한 감정을 느끼는 것은 인정 욕구가 채워지지 않았기 때문이다.

 부모 교육을 할 때 강조하는 내용 중 하나가 아이의 인정 욕구를 채워 주라는 것이다. 그런데 인정 욕구는 비단 아이에게만 있는 게 아니다. 사람이라면 누구에게나 있는 본능이고 엄마도 마찬가지다. 인정 욕구는 누군가 나의 가치를 알아봐 주고 인정해 줄 때 채워진다. 우리가 하는 대부분의 집안일은 반복적이고 일상적이라 티가 잘 나지 않는다. 매일 힘들게 집을 쓸고 닦고 가꾼다고 가족들이 매번 그 수고를 알아주는 건 아니지 않는가. 하지만 알아주지 않는다고 그 일의 가치가 사라지는 것은 아니다.

 우리는 엄마의 인정이 필요한 아이가 아니라 어른이다. 굳이 다른 사람의 인정에 매달릴 필요 없다. 내 스스로 내가 하는 일의 가치를 인정하고 존중하면 된다. 그래야 다른 사람들도 나를 존중한다. 자꾸 타인의 인정에 기대려고 하면 내 삶 자체가 타인의 기준으로 굴러갈 수밖에 없다. 내 행복을 다른 사람의 손에 맡길 이유가 무엇인가. 나의 가치를 다른 사람이 평가하게 두지 말고 내게 주어진 일에 최선을 다하는 것 그 자체에 의미를 두자. 사람의 일은 알 수가 없는 것이라 내가 노력한다고 해서 무조건 원하는 결과가 나오는 것은 아니다. 그건 신의 영역이다. 그러나 기대하던 결과가 나오지 않더라도 노력한 과정이 헛되었다고 할 수는 없다. 분명 어제의 나보다는 조금 더 나은 오늘의 내가 있을 테니까. 남보다 더 잘난 나를 바라면 끝이 없다. 대신 오늘의 나보다 조금 더 나아진 내일의 나를 목표로 하는 건 어떨까.

살다 보면 이 집안에서 나만 혼자 아등바등 애쓰고 있는 것처럼 느껴질 때도 있다. 그럴 때 우리는 또 화가 난다. 주말에 아이들 데리고 외출할 때를 생각해 보자. 자기 준비 끝났다고 차 키만 달랑 집어 들고 '차에 가서 기다릴게' 집을 나서는 남편들, 적지 않을 것이다. 그러면 엄마들은 내 몸단장해야지, 애들 챙겨야지, 외출 전 집단속도 해야지……. 그러고 나갔는데 남편은 뭐 하다 이제 나오느냐고 짜증을 낸다. 그러면 자기가 좀 도와주던가, 기가 찰 노릇이다.

사실 가사 분담이라는 게 생각처럼 쉽지는 않다. 빠릿빠릿하게 말귀 잘 알아듣고 알아서 척척 잘하는 남편들이 어디 흔한가. 그래서 성질 급한 엄마들은 시키느니 자기가 하고 만다. 그런데 이런 일들이 반복되다 보면 어느새 이것도 저것도 다 내 일이고 내가 하는 게 당연한 것처럼 인식되어 버린다. 혼자서 힘에 부치면 뒤늦게 남편과 자식들을 향해 너희는 손이 없냐 발이 없냐 하게 된다.

무슨 일이든 처음부터 잘하는 사람은 없다. 그러니 혼자 덤터기를 쓰다가 뒤늦게 분노하지 않으려면 처음 남편과 집안일을 나눌 때나 아이들이 도와준다고 나섰을 때 그들이 하는 일이 다소 마음에 안 차도 그냥 보아 넘기는 인내심이 필요하다. 두 번 세 번 반복하다 보면 조금씩 늘지 않겠는가. 그동안은 성에 안 차도 조금 참자. 언젠가는 나보다 실력이 훨씬 나아질지도 모르는 일 아니겠는가. 그리고 남편과의 역할 분담은 처음부터 제대로 하는 편이 좋다. 그래야 본인이 하는 일이 아내를 도와주는 것이 아니라 원래 자신의 역할이라고 인식할 수 있다.

다음으로, 가족들이 내 말을 무시한다고 느낄 때 엄마는 화가 난다. '당신이 뭘 알아?' 하고 말하는 남편에, 머리 좀 컸다고 '엄마, 그거 아니거든?' '아까 말했잖아, 못 들었어?' '거기 써 있는데, 안 보여?' 하는 아이들까지. 이런 말을 들으면 '힘들어서 먹이고 챙기고 했더니 고마운 줄은 모르고, 이까짓 것 좀 모른다고 나를 무시해!' 속상하고 서러운 마음에 속이 부글부글 끓는다. 그런데 이럴 때 버럭 화를 내면 내 모습만 초라하다. 그냥 인정할 건 인정하자. 이 세상에 모든 걸 다 아는 사람이 어디 있을까. 내가 잘 아는 분야가 있으면, 잘 모르는 분야가 있는 게 당연한 거다. 나이가 들었으니 신체 능력이 떨어져서 아이들보다 잘 못 듣고 잘 못 보는 것도 너무 당연한 일이다.

화를 내는 대신 '난 그거 잘 모르겠던데 좀 가르쳐 주면 안 될까?' '엄마가 눈이 나빠졌나 봐. 부쩍 잘 안 보이네' 솔직하게 말하고 도움을 요청해 보자. 이런 일을 대화의 기회로 삼으면 가족끼리 이야기도 많아지고 집안 분위기도 훨씬 부드러워질 것이다. 특히 아이들은 엄마가 도와달라고 하면 은근히 좋아한다. 어른인 엄마에게 뭔가를 알려 줄 수 있다니 얼마나 뿌듯하겠는가. 그리고 사실 자존감이 높은 엄마들은 이것도 모르냐는 말에 크게 상처받지 않는다. 축구 선수가 야구 잘 모른다고 기죽을 이유가 없는 것과 마찬가지다. 그러는 자기들은 내가 하는 일에 대해 나만큼 잘 알아, 하고 넘겨 버리면 그만이다.

화, 효과적으로 내자

사람이 살면서 화가 안 날 수는 없다. 하지만 화를 효과적으로 표현하는 방법은 있다. 그러려면 우선 자신이 화가 난 이유를 정확히 파악해야 한다. 냉정하게 분석하고 원인이 자신에게 있다면 이성적으로 해결책을 고민하자. 개선의 노력은 하지 않고 같은 이유로 반복해서 화를 내고 있다면 너무 소모적이지 않은가. 다른 사람이 화를 낼 때도 마찬가지다. 이유부터 들여다보자.

사실 화가 난 원인을 파악해 보면 생각보다 별일 아니어서 저절로 화가 가라앉을 때도 있다. 언젠가 집에 의자가 필요해서 2개를 산 적이 있다. 그런데 조립식 의자라서 남편이 한참 고생을 했다. 새 의자가 생겼으니 기존에 쓰던 의자를 처리해야 하는데 이게 또 버리기는 아까운 거다. 그래서 구석진 공간에 수납을 좀 해 달라고 남편에게 부탁했다. 그런데 거기가 좁아서 의자를 넣기가 쉽지 않았던 모양이다. 한참을 이쪽저쪽으로 시도하던 남편이 그냥 딸 방에 여유가 있으니 의자를 거기에 두자는 거다. 나는 딸의 개인 공간에 놓는 건 아닌 것 같다며 반대했다. 그렇게 의자의 처리를 두고 옥신각신하다 남편이 갑자기 버럭 화를 내는 게 아닌가. 상황이 좋지 않다고 느낀 나는 바로 남편에게 말을 건넸다.

"당신 힘들구나, 아까 의자 조립하느라 진 다 빼고, 자 물 한잔 마시고 쉬어. 의자는 내가 넣을게."

그랬다. 남편은 힘들었던 것이다. 돋보기 끼고 설명서 보면서 조립도 간신히 했는데, 버렸으면 딱 좋을 의자를 좁은 공간에 수납하라고 하니 이 모든 상황이 벅찼던 것이다. 그런데 다른 때 같으면 성질을 낼 법도 한데 부인이 바로 수긍하며 쉬라고 하니 오히려 남편이 머쓱해했다. 이제 나이가 들고 상대를 너무 잘 아니 싸움도 안 된다.

돌이켜 보면 우리는 심각한 이유로 화를 낼 때보다 사소한 것들로 말미암아 화가 나고 싸우게 되는 일이 더 많다. 안 그래도 살면서 힘든 일이 많은데 별것도 아닌 일에 에너지를 낭비하는 건 너무 아깝다. 그러니 화가 나면 일단 찬찬히 화의 원인을 되짚어 보는 습관을 들이자.

만약 화의 원인이 상대에게 있고 그 사람의 잘못이 명백하다고 생각된다면 화를 낼 때도 그 점을 정확하게 밝혀야 한다. 왜 화가 났냐고 하는 사람한테 그걸 몰라서 묻느냐고 대응하는 건 문제 해결에 전혀 도움이 되지 않는다. 서로 텔레파시가 통하는 것도 아닌데 당연히 말을 해야 아는 것 아니겠는가. 내가 화가 났다는 사실과 무엇 때문인지를 상대에게 정확하게 밝혀야 한다. 단 감정부터 앞세우면 의미 없는 말싸움으로 번지기 쉬우니 제대로 이해시키고 싶다면 감정을 배제하고 팩트만 전달하자. 절대 소리 지르지 말고, 울지 말고, 상대의 눈을 보면서 천천히, 침착한 목소리로 내 의사를 정확하게 전달하는 게 중요하다.

때로는 상대의 반복되는 행동 때문에 화가 나기도 한다. 그럴 때는 날을 정해 제대로 얘기해야지 그때그때 대응하면 '또 저러네' 정도로 넘어갈 뿐 개선되기가 어렵다. 이때 중요한 건 화를 낸 후 오히려 사과하면 안 된다는 것이다. 같은 잘못을 반복한다는 것은 상대가 나의 불편을 진지하게 생각하지 않는다는 뜻이다. 그걸 바로잡기 위해 벼르다 화를 내 놓고 마지막에 가서 상대가 사과한다고 거기다 대고 '그래, 나도 미안해' 하며 사과하는 순간 모든 수고는 물거품이 되어 버린다.

상대에게도 자신의 행동을 곱씹을 시간을 주어야 한다. 그런데 당장

경직된 분위기가 불편하다고 미안하다는 말로 풀어 버리면 상대는 상황의 심각성을 인지하기 어렵다. 대상이 아이일 때도 마찬가지다. 실컷 혼내 놓고 마지막에 가서 안아 주고 다독거리며 '엄마가 미안해. 사랑해서 그랬어' 같은 말로 마무리하지 말자. 단호할 때는 단호해야 한다. 그래야 본인의 화도 줄이고, 화를 야기하는 문제 상황도 개선할 수 있다.

이때 한 가지 착각하지 말아야 할 점이 있다. 그 사람에게 화를 내는 이유는 내 앞에서 나를 화나게 하는 행동을 조심해 주기를 바라는 것이지 그 사람 자체를 바꾸려는 게 아니라는 것이다. 사람은 누구도 다른 사람을 바꿀 수 없다. 마음먹고 화를 냈는데도 그 사람 행동에 변화가 없다면 깔끔하게 포기하는 것도 방법이다. 안 되는 일에 화를 내 봤자 나만 힘들다. 굳이 그런 피곤한 인간관계를 계속 이어 갈 필요가 있을까.

하지만 그 대상이 내 남편, 내 아이라면 이야기가 다르다. 그땐 포기가 다른 의미가 된다. 단점 개선을 포기하는 대신 장점에 집중하는 것이다. 옷을 입거나 화장을 할 때도 단점을 가리려고 하는 대신 장점을 부각시키는 게 훨씬 효과적이지 않던가. 사람도 마찬가지다. 장점을 더 크게 만들어서 단점을 덮어 버리자. 다른 사람을 바꿀 수 없다면 결국 내가 바뀌는 게 답이다.

우리 아이 사춘기 매뉴얼

우등생이 되기 위해서는 사춘기라는 고비를 잘 넘겨야 한다. 교육을 이야기할 때 빼놓을 수 없는 주제인 만큼 사춘기에 대해서는 들려주고 싶은 이야기가 많다. 이전 저서 《초등 엄마 관계 특강》, 《20세기 엄마의 21세기 명품 아들 만들기》 등에서도 사춘기 파트가 빠지지 않고 등장했다. 종합해서 아이의 사춘기를 어떻게 슬기롭게 겪어 낼 것인지 구체적인 방안들을 생각해 보자.

• **사춘기도 다양하다**

국립국어원 표준국어대사전에 나오는 사춘기에 대한 정의는 다음과 같다.

- 육체적·정신적으로 성인이 되어 가는 시기
- 성호르몬의 분비가 증가하여 이차 성징이 나타나며, 생식 기능이 완성되기 시작하는 시기
- 이성에 관심을 가지게 되는 시기
- 청년 초기로 보통 15~20세 시기

사실 이 정의는 이제 살짝 수정되어야 한다. 지금은 사춘기 시작 연령이 평균적으로 15세보다 훨씬 어려졌기 때문이다. 보통 초등 고학년부터 사춘기가 오고 빠르면 초3에 시작되는 아이들도 있다. 게다가 팬데믹이라는 어른들도 혼란스러운 시기를 겪으며 예전과 달라진 학교생활이나 교우 관계, 장시간을 함께하게 되는 가족과의 관계 등으로 인해 사춘기를 더 심하게 겪는 아이들이 늘고 있다. 앞서 말한 바와 같이 그냥 사춘기가 아니라 극사춘기를 보내는 것이다. 그러니 엄마들도 조금 더 빨리, 조금 더 단단하게 마음의 준비를 해야 한다.

물론 모든 아이들의 사춘기가 빠르게 오는 것은 아니다. 스물이 넘어 겪는 사람도 있을 정도로 그 시기가 천차만별이다. 심지어 너무 오래 지속되기도 한다. 그래서 사춘기도 일반적인 기준으로만 보지 말고 내 아이의 상태를 잘 살펴서 그에 맞는 대응을 해야 한다. 사실 사춘기는 와도 걱정이지만 안 오는 게 더 큰 문제다. 성호르몬의 분비가 제때 이루

어지지 않아 신체의 성장이 정상적으로 진행되지 않고 있다는 의미일 수도 있기 때문이다. 그러니 사춘기가 너무 늦어진다 싶으면 전문 병원을 찾아 진료를 받아 보는 것이 좋다.

또 사춘기는 전두엽이 한창 성장하는 시기이다. 대뇌의 앞부분에 위치한 전두엽은 기억력, 사고력 등 고도의 정신 작용을 관장하는 영역이다. 보통 18세를 전후해 이 전두엽의 성장이 마무리되고 호르몬도 안정을 찾으면서 사춘기가 끝난다. 그런데 요즘은 학업으로 인한 지나친 긴장, 스트레스 등으로 인해 20대 후반이 되어서도 뇌가 안정되지 않아 여전히 사춘기처럼 감정적이고 충동적인 행동을 보이는 경우가 늘고 있다고 한다. 그러니 가끔씩은 아이가 긴장을 풀고 편안하게 뒹굴뒹굴할 수 있는 시간도 만들어 주는 것이 좋다. 성장기의 아이들은 공부도 중요하지만 잘 노는 것도 중요하다. 그래야 몸과 마음이 건강하게 자란다.

샤론코치가 제안하는 사춘기 대처법 7계명

사춘기를 겪고 있는 아이들을 사춘기 이전과 똑같이 대하면 트러블이 생기기 쉽다. 이성보다 감정이 앞서는 아이들과 부딪히며 상처받지 말고 다음과 같은 방법으로 이 시기를 무탈하게 넘겨 보자.

• **하나, 받아들이자.**

피할 수 없다면 즐기라고 하지 않던가. 아이가 사춘기라는 것을 쿨하게 받아들이자. 무슨 이상한 짓을 하든 속 뒤집는 소리를 하든 논리적으로 이해하려고 하지 말고 '지금은 온전한 상태가 아니야. 덜 자란 뇌로 날뛰는 호르몬의 지배를 받고 있는 거야. 이상한 게 당연해'라고 생각해 버리자.

• **둘, 기간이 정해져 있다는 것을 기억하자.**

평생 동안 이어지는 사춘기는 없다. 어차피 끝은 있으니 긴 터널을 지나고 있다는 심정으로 참아 보자.

• **셋, 때로는 대화를 피하는 게 답이다.**

'덜 자란 뇌로 날뛰는 호르몬의 지배를 받고 있는' 아이와의 대화는 불꽃이 어디로 튈지 모른다는 위험이 있다. 괜히 속만 상하고 사이만 멀어지느니 아이가 예민할 때는 당장 해결하려 하지 말고 가능한 한 대화를 미루자.

• **넷, 속이 뒤집히더라도 밥은 잘 차려 주자.**

아이가 아무리 미운 짓을 하더라도 밥은 차려 주자. 말로 하는 대화는 힘들 수 있어도 엄마가 항상 너를 신경 쓰고 챙겨 주고 있다는 마음은 밥을 통해 전할 수 있다. 아이가 엄마한테 자주 하는 반항이 왜 '나 밥 안 먹어!'겠는가. 엄마를 가장 쉽게 속상하게 하는 방법이기 때문이다. 반대로 엄마에게 골이 났더라도 엄마가 차려 주는 밥을 먹으면서 슬그머니 풀릴 수 있다는 뜻도 된다. 대화가 단절되었을 때 밥은 훌륭한 소통 수단이다. 유용하게 활용하자.

• 다섯, 아이가 먼저 대화를 원하면 응해 주자.

엄마가 말을 걸면 '아 왜!' '귀찮게 좀 하지 마!' 같은 말로 속을 긁던 아이도 엄마와의 대화가 필요한 순간이 있다. 그럴 때 '왜, 엄마랑 얘기하기 싫다며?' 하면서 튕기지 말자. 아이가 민망해하지 않도록 즉시 진지한 얼굴로 대화에 응해 주자. 아이의 속마음을 들을 수 있는 귀한 기회를 소심한 복수로 날리는 어리석은 행동은 하지 않기를 바란다.

• 여섯, 대화가 필요할 땐 밖에서 만나 보자.

같은 사람도 다른 공간에서 만나면 새롭지 않던가. 아이와도 늘 지지고 볶던 집을 벗어나 다른 공간에서 만나면 다른 분위기로 대화할 수 있다. 게다가 집에서는 여차하면 제 방으로 쏙 들어가 문을 닫아 버릴 수도 있지만 바깥에서는 그러기가 쉽지 않으니 대화를 끝까지 마무리하기가 더 수월한 면도 있다. 그러니 아이와 진지하게 나누어야 할 이야기가 있다면 밖에서, 기왕이면 분위기 좋은 곳에서 하자.

- **일곱, 여드름이 고민이라면 피부과 진료를 받게 해 주자.**

외모에 관심이 많아지는 사춘기 아이들에게 여드름은 단순한 피부 질환이 아니다. 아이의 자존감과 연결되기도 하는 문제다. 실제로 많은 연구들이 청소년의 스트레스, 우울증, 자아존중감 등에 여드름이 큰 영향을 준다는 것을 밝히고 있다. 그러니 아이가 여드름으로 고민하면 사춘기라서 그래, 좀 크면 없어질 거야, 같은 안일한 말로 대처하지 말고 곧바로 피부과로 데려가서 전문적인 진료를 받게 해 주자. 그래야 피부에 신경 쓰는 대신 공부에도 더 집중할 수 있다.

사춘기, 학습은 이렇게

사춘기를 맞은 아이들을 대하는 건 조심스럽지만 그렇다고 공부에 손을 놓게 할 수는 없다. 다음과 같은 방법으로 학습을 이끌어 가자.

- **첫째, 사춘기에 공부까지 열심히 하기를 바라지는 말자.**

사춘기에는 큰 사고 치지 않고 무탈하게 넘어가 주는 것만으로도 고마운 일임을 명심하자. 거기에 공부까지 열심히 해 주기를 바라는 건 솔직히 욕심일 수도 있다. 이 시기에는 공부에 너무 큰 욕심을 부리지 말자.

- **둘째, 사춘기가 시작되기 전인 초등 저학년까지 공부 습관을 만들어 두자.**

세 살 버릇 여든 간다는 속담을 믿어 보자. 습관의 힘이 무서운 건 한 번 습관을 들이면 하기 싫어도 해야 마음이 편하기 때문이다. 계속해서 하던 걸 갑자기 하지 않으면 마음이 찜찜하고 개운하지가 않으니까. 그래서 사춘기 동안 공부를 훨씬 많이 하지는 않더라도 최소한 평소의 루틴만큼은 계속할 수 있도록 미리 공부 습관을 들여 놓자는 것이다.

- **셋째, 공부는 안 하고 잠만 잔다고 속 터져 하지 말자.**

사춘기 아이가 잠이 늘어 공부하는 시간이 줄었다고 걱정하는 엄마들이 있다. 사람은 자는 동안 뇌의 호르몬 농도가 변하는데 청소년 시기는 그 변화가 성인과 다르다. 뇌의 성장이 이루어지는 시기이기 때문이다. 그래서 사춘기에 수면 시간이 늘어나는 것은 당연한 현상이다. 더구나 최근 연구에 의하면 깨어 있는 동안 학습한 내용들이 잠을 자는 동안 기억으로 저장된다고 한다. 즉 잠을 잘 자야 공부한 내용을 더 잘, 더 오래 기억할 수 있다는 뜻이다. 그래서 이 시기에 잠을 충분히 자지 못하면 뇌의 성장이 불균형할 가능성이 높고 학습 효율도 떨어질 수 있다. 그러니 때로 아이가 너무 많이 자는 것 같다면 속상해하기보다 양질의 수면을 취할 수 있도록 살펴 주자.

· **넷째, 사춘기 공부는 최소한의 시간에 집중적으로 하자.**

사춘기에는 늘어난 수면 시간 때문에 어쩔 수 없이 공부할 시간은 줄어들게 된다. 억지로 공부 시간을 늘리려고 해 보았자 어차피 효율은 떨어진다. 그러니 짧은 시간을 공부하더라도 최대한의 집중력을 발휘할 수 있도록 하는 것이 현명하다.

· **다섯째, 수학을 메인 과목으로 하고 전체적인 학습 시간을 줄이자.**

평소 책을 많이 읽었고 유아부터 초등 저학년 시기까지 영어 실력을 차분하게 쌓아 두었다면 전체적인 학습 시간 즉 학습량을 조금 줄인다고 해도 괜찮다. 수학은 입시에서 중요한 과목이고 기초가 없으면 상급 학년 공부가 어려우니 사춘기에는 주요 과목 중에서 수학을 메인으로 하고 주 3회 한 시간씩이라도 꾸준히 하기를 권한다. 다른 과목은 아이의 사춘기가 극심한 정도에 따라 조절하는 것이 좋다.

· **여섯째, 공부는 본인을 위한 것임을 분명히 알려 주자.**

반항기가 심하고 변덕스러운 사춘기 아이들은 툭하면 이런저런 이유를 들먹이며 공부를 거부하기도 한다. 이럴 때 어떻게든 공부를 하게 하려고 쩔쩔매는 부모는 되지 말자. 그럴수록 아이는 더욱더 공부를 무기처럼 휘두르게 된다. 아이가 원하는 대로 끌려가지 않으려면 공부는 본인의 앞날을 위한 것임을 분명히 하고 냉정한 태도를 취할 필요가 있다.

- **일곱째, 거리를 두자.**

아이가 예민하고 불안정할 때는 괜히 다가갔다가 엉뚱한 소리를 들을 수 있다. 엄마 때문에 집중을 못하겠다거나 엄마가 나를 얼마나 부담스럽게 하는지 아냐고 한다거나, 안 그래도 공부하기 싫었던 아이들은 이때다 싶어 공부 거부를 외치기도 한다. 아이에게 쓸데없는 빌미를 제공하지 말고 아이가 꺼내 드는 온갖 핑계에도 흔들리지 말자. 그러려면 아이와 안전거리를 두는 게 좋다. 운전할 때만 안전거리가 중요한 게 아니다. 아이가 사춘기를 보낼 때에는 우리도 언제 급정거할지 모르는 차의 뒤를 따라가고 있다고 생각하고 안전거리를 충분히 유지하자.

사춘기, 문제 행동에는 이렇게

- **문제 행동 하나, 아이가 학교 선생님에게 대들었어요.**

사춘기에 접어든 초등 고학년 아이들은 훌쩍 자라 웬만한 성인만큼 크기도 한다. 동물은 몸이 커지면 충분히 강해졌다고 자신한다. 특히 초등학교 6학년은 학교에서 제일 높은 학년이라 힘을 과시하고 싶어 하기도 한다. 만일 아이가 학교 선생님에게 대들었다면 먼저 그 이유를 물어봐야 한다. 왜 그런 행동을 했는지, 만일 부당하다고 느꼈다면 너의 의견을 차분히 전달할 수는 없었는지, 감정을 뒤로 감추고 사실 중심으로 상황을 정리하면 답이 나올 것이다. 잘못을 했으면 벌을 받아야 하고, 소통의 문제가 있었으면 정확하게 의사를 전달하며 불손했던 부분에 대해서는 분명히 사과를 해야 한다.

• 문제 행동 둘, 아이가 친구를 괴롭혀요.

괴롭힌다는 것은 다양한 의미가 있다. 욕을 할 수도 있고, 왕따를 시킬 수도 있고, 폭력을 행할 수도 있고, 금품을 갈취할 수도 있다. 친구를 괴롭히면서 우월감을 느낄 수도 있고 아니면 별다른 감정 없이 권태를 못 이겨 행할 수도 있다. 워낙 다양한 상황이 있으므로 똑떨어지는 답을 하기는 어렵지만, 일단 그런 상황이 발생한다면 가해자와 피해자 각자의 이야기를 들어 봐야 한다. 이때 부모의 감정 소모는 일을 크게 만들 수 있다. 지혜를 모아 일을 해결하는 것이 우선이다. 아이가 가해자라면 피해자의 고통에 대해 알려 줘야 한다. 학교 폭력은 학창 시절에도 큰 문제지만 어른이 되어 학교를 벗어난 후에도 피해자의 고통이 계속되기에 심각성이 크다. 평소 부모가 다른 사람과 잘 지내는 모습을 보여 주며 가정 교육을 통해 대인 관계 능력을 길러 주는 것도 중요하다.

• 문제 행동 셋, 공부를 거부해요.

아이가 공부를 거부하는 것은 크게 두 가지 요인이 있다. 공부를 할 필요가 없다고 느끼는 상황과 너무 피곤하고 졸려서 공부를 못하는 상황이다. 사춘기에는 이 두 가지 상황이 혼재할 수 있다.

평소 공부를 못한다고 야단을 많이 맞은 학생들 중에는 '어차피 나는 공부를 못하는 사람이니 게임이나 해야겠다' 하며 컴퓨터 앞으로 가기도 한다. 반면 '나는 어른이 되어 이런 일을 하고 싶어. 그러니 힘들어도 열심히 공부하자' 결심하는 학생도 있다. 이런 학생들은 수면 부족을 느껴 힘든 상황에서도 본인의 꿈을 위해 인내심을 갖는다. 아이가 공부를 거부한다면 그 이유가 무엇인지 분석하여 그에 맞게 동기 부여를 시켜 주어야 한다.

• 문제 행동 넷, 성(性)에 너무 집착해요.

사춘기 아이가 성에 관심을 갖는 것은 지극히 자연스러운 일이다. 사실 성에 관한 것은 부모가 구체적으로 가르치기 어렵다. 학교에서 하는 성교육도 다수의 학생을 대상으로 하는 거라 학생 개개인이 궁금해하는 것을 일일이 알려 주기 힘들다. 현실적인 조언을 드리자면 성교육 전문가를 초빙해 소규모 수업으로 청소년이 알아야 할 성교육 전반을 배웠으면 한다. 성교육에는 부모의 오픈 마인드도 중요하다. 아이가 성과 관련된 질문을 하면 아는 만큼 설명해 주고 정확히 알지 못하는 내용은 함께 자료를 찾아보는 것도 좋은 방법이다. 남자와 여자의 특징을 알고 서로를 존중하는 법을 가르쳐 주는 성교육은 대단히 중요하며 이는 건강한 어른이 되는 과정이다.

우등생 만드는 엄마의 교육법

'공부 잘하는 아이의 집은 우리 집이랑 뭐가 다를까? 내가 모르는 비결이라도 따로 있는 걸까?'

엄마라면 누구나 한 번쯤 이런 생각을 해 보았을 것이다. 실제로 내가 자주 받는 질문이기도 하다. 결론부터 말하자면 확실히 눈에 보이는 차이가 있다.

첫째, 공부를 잘하는 아이들은 잘 웃는다. 특히 부모와 이야기할 때 잘 웃는다. 상담을 하러 왔을 때도 말은 나에게 하지만 눈은 엄마를 향한다. 이 모습은 엄마의 눈치를 보는 것과는 다르다. '엄마, 내 생각을 말했어요' 하는 신호다. 그러면 엄마는 자연스럽게 눈으로 사인을 보낸다.

'그렇지, 맞아, 잘했어' 이렇듯 본인이 한 행동에 대해 자랑스러워하고 부모의 지지를 많이 받은 티를 낸다. 가정에서 항상 아이의 행동과 판단에 아낌없이 응원을 보냈을 것이다.

둘째, 공부를 잘하는 아이들은 말을 잘한다. 그것도 아주 논리적으로 예의 바르게 잘한다. 어른 앞에서 주눅 들지 않고 당당하게 말한다. 그 모습이 대견해서 동등한 입장에서 대화를 이어 나가고 싶은 마음이 든다. 탁구 경기를 하듯 질문이 공격처럼 이어지지만 수비를 하는 답변도 단단하기만 하다. 평소 책도 많이 읽고 자기 생각을 정리하는 연습을 꾸준히 한 것이 분명하다. '아, 똑똑한 학생이구나' 하는 생각이 절로 든다. 이 모든 것은 가정에서 아이에게 말할 기회를 많이 주었기 때문에 가능하다. 일방적인 부모의 잔소리로 뒤덮이는 가족회의가 아니라 가족 구성원으로 한몫을 할 기회를 많이 주었다는 증거이다.

셋째, 공부를 잘하는 아이들은 책을 좋아한다. 지적 호기심을 채워 주는 첫 단계는 독서다. 부모가 어릴 적부터 자녀의 호기심을 채워 주는 수단으로 책을 선택했고 호기심의 대상이 바뀔 때마다 충분한 자료를 제공했기 때문에 아이들은 독서가 나를 더 멋진 사람으로 만들어 준다는 것을 안다. 책은 친구이며 스승이다. 책을 통해 심심함도 없애고 새로운 지식도 알게 된다는 희열이 아이를 자연스럽게 책으로 인도하는 것이다. 공부 잘하는 아이의 집에는 곳곳에 책이 널려 있다는 것은 공통적인 사항이다.

넷째, 공부를 잘하는 아이들은 미래를 꿈꾼다. 지혜로운 부모는 자녀에게 지금 당장 닥친 현실만을 보여 주지 않는다. 아이들이 커서 어른이 되었을 때 맞게 되는 미래를 보여 준다. 영상과 책을 통해 미래를 예측하게끔 하기도 하고, 성공한 사람을 통해 그들이 얼마나 멋지게 사는지 보여 주기도 한다. 우리나라보다 잘 사는 선진국의 면모를 체험하게 하기도 하고 10년 후 20년 후 필요한 역량을 미리 키워 주기도 한다. 꿈이 있는 자는 지치지 않는다. 우리 아이들에게 꿈은 인내심과 동의어이다.

우등생은 성적이 우수하고 품행이 단정하여 다른 학생에게 모범이 되는 학생으로, 이와 반대되는 말은 열등생이다. 학부모라면 누구나 내 아이가 우등생이 되길 바랄 것이다. 그렇다면 학교가 바라보는 우등생은 어떤 기준을 가지고 있을까.

	우등생의 기준		
학교 평가	초등학교	매우 잘함	50% 이상
	중학교	A (90점 이상)	25% 이상
	고등학교	1~2등급	11% 이내
	수능	1등급~만점	4% 이내

아이들의 성적을 평가하는 가장 간단한 기준은 시험이다. 초등학교는 공식적인 시험 즉 일제고사를 치르지 않기 때문에 성적표 대신 생활통지표를 받는다. 각 과목별 성취도가 잘함-보통-노력 요함 3단계 또는 매우 잘함-잘함-보통-노력 요함 4단계로 표시되는 이 생활통지표에서 '잘함'이나 '매우 잘함'을 받았다면 충분히 우등생이다. 다만 이 비율이 전체 학생의 거의 절반이기 때문에 크게 변별력은 없다. 중학교는 성취평가제로 절대평가라 A등급 즉 90점 이상을 받는 학생을 우등생이라고 할 수 있다. 고등학교는 내신과 수능에 절대평가와 상대평가가 혼재되어 있다. 고등학교 유형에 따라 다르겠지만 1등급, 2등급 학생들을 우등생이라 할 수 있다.

앞의 표에서 알 수 있듯 초등학교 때는 절반 이상이던 우등생의 비율이 학년이 올라갈수록 점점 줄어서 수능에 이르러서는 1등급이 고작 4%다. 깔때기처럼 좁아지는 우등생의 문턱. 하지만 공부는 한 번 지면 탈락하는 서바이벌 게임이 아니다. 중요한 것은 지금 당장 우등생이냐 아니냐가 아니라 대입의 관문 앞에 섰을 때의 모습이 아니겠는가. 그런 의미에서 실제 서울대에 합격한 우등생들의 모습을 통해 우리 아이들의 교육 방향을 생각해 보자.

2023학년도 수능에서는 만점자가 세 명 나왔다. 그중 재학생 두 명의 인터뷰 내용을 살펴보자. 현대청운고등학교 부장 교사는 수능 만점을 받은 제자 권하은 양에 대해 이렇게 말했다.

"하은이는 꾸준히 열심히 공부해 왔다. 한마디로 공부하는 시간을 잘 확보하는 학생이다."

포항제철고등학교 최수혁 군에 대한 이야기도 비슷했다.

"고교 3년 내내 자습실에 거의 안 빠지고 나왔다."

실제 최수혁 군은 오전 8시부터 오후 11시 30분까지 학교에 머물며 학교 수업과 방과 후, 야간 자습에 충실했다고 한다. 두 학생의 이야기를 한 문장으로 정리하면 이렇다.

'남들보다 오랜 시간을 들이며 성실하게 공부했다'

수능 만점의 비결치고는 너무 시시한가? 사실은 무슨 학원을 다녔고, 무슨 과외를 했지만 솔직하게 말할 수 없으니 방송용 멘트를 했다고 생각하는가? 아니다. 원래 진리는 단순한 법이다.

그런데 습관이라는 것이 어디 하루 이틀에 길러지던가. 그래서 우리 아이 우등생 만들기의 첫걸음은 바로 '엉덩이 힘'을 기르는 습관을 만드는 것에서부터 출발해야 한다. 유초등 시기에는 당장의 성적보다는 이 습관을 기르는 게 훨씬 더 중요하기 때문에 우등생의 정의도 달라야 한다고 생각한다.

유초등 시기에는 어떤 아이가 우등생일까? 공부를 시작하는 다섯 살 무렵에는 책상에 30분만 앉아 있을 수 있어도 훌륭하다. 조금씩 그 시간을 늘려 가며 초등학교에 입학할 무렵에는 40분 동안 진행되는 1교시 수업을 차분히 앉아 들을 수 있는 아이가 우등생이다. 이 엉덩이 힘을 기본으로 조금씩 공부하는 습관을 확장해 가면 된다. 초3부터는 앉아 있는 시간을 조금 더 늘려 보자. 충분히 할 수 있다. 초4 무렵에는 독서에 재미를 붙이고 한 권의 책을 틈날 때마다 읽는 아이, 초5 무렵에는 수업 시간에 자신의 의견이나 생각을 적극적으로 표현할 수 있는 아이를 우등생의 기준으로 삼을 수 있겠다. 초6은 중학교 입학을 준비하는 기간이다. 현재 중학교 1학년의 자유학년제가 자유학기제로 변화하는 과정이니 중학교 1학년 수행평가를 미리 확인하고 읽어야 할 책이나 컴퓨터 관련 기능은 익히는 게 도움이 될 것이다.

중1부터는 수행평가에서 좋은 점수를 받아야 우등생이라고 할 수 있다. 수행평가는 평가 기준에 따라 수행해야 한다. 또한 일부 수행평가는 학교생활기록부에 세부 능력 및 특기 사항으로 기재되니 열심히 했으면 좋겠다. 중2부터의 성적은 고입에도 반영되니 가급적 전 과목에서 90점 이상을 받아 A를 받으면 좋다. 중학교에서 A를 받는 것은 우등생을 의미하는 것이니 기분 좋은 일에는 틀림없다. 지금까지 말한 연령별 우등생 기준을 정리하면 다음과 같다.

샤론코치가 정의하는 연령별 우등생	
5세	책상에 30분 앉아 있을 수 있는 아이
6세	책상에 35분 앉아 있을 수 있는 아이
7세	책상에 40분 앉아 있을 수 있는 아이
초1	1교시 40분 수업을 차분하게 앉아서 들을 수 있는 아이
초4	책 한 권을 시간 날 때마다 읽는 아이
초5	수업 시간에 발표를 잘하는 아이
초6	중학교 입학을 준비하는 아이
중1	학교생활에 충실하고 수행평가에서 만점을 받는 아이
중2	학교 시험에서 A(90점)를 받는 아이

이 과정만 차분히 따라 밟으면 얼마든지 우등생이 될 수 있다. 단, 몇 가지의 전제 조건이 있다. 첫 번째는 욕심이다. 잘하고 싶다는 내적 동기가 필요하다. 이 욕심이 바로 과제 집착력의 원동력이라고 할 수 있다. 두 번째는 의무감이다. 계획한 공부는 반드시 해내야 한다는 마음가짐을 말한다. 인내심을 갖고 꾸준히 하는 학생이 좋은 결과를 갖게 된다. 세 번째는 스스로 잘할 수 있다는 믿음 즉 자신감이다. 마지막 조건은 경쟁심이다. 다시 말해 승부 근성이 있어야 한다. 잘해서 이기고 싶다는 집념이나 오기가 있어야 끝을 보지 않겠는가. 성격은 타고나는 부분이 크지만 개선이나 보완이 불가능한 것은 아니다. 그러니 필요하다면 부족한 부분을 자극해 주거나 일깨워 줄 수 있는 방법도 고민해 보아야 한다.

사실 우리가 아이 교육을 둘러싼 이런저런 이야기에 쉽게 흔들리는 이유는 뭔가 내가 모르는 지름길이나 요령이 있지 않을까 하는 마음 때문이다. 그러나 대입으로 향하는 길에 마법 같은 꼼수는 없다. 오로지 자신의 실력으로 정면 돌파하는 것만이 방법이다. 조금 느리게 가도 괜찮다. 어제보다 오늘, 오늘보다 내일 조금씩 더 실력을 키워 가기만 한다면 길은 반드시 보이게 되어 있다. 엄마들이 아이 교육에 열과 성을 다하면서도 낭패를 보는 경우는 대부분 너무 서두르기 때문이다. 아웃풋을 너무 빨리 보려고 하는 것이다. 초등학교 1학년 때 반에서 영어 제일 잘하는 아이? 학원 탑반에서 수업 듣는 아이? 아무 소용없다. 승부는 결국 대입에서 본다는 사실을 잊지 말자.

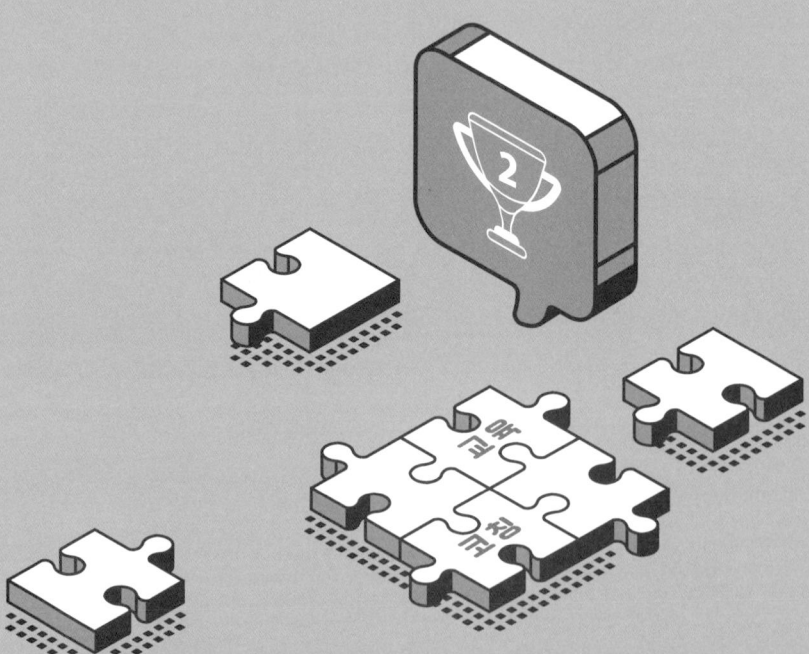

다시 한번
변화하는
교육과정

2022 개정 교육과정으로
달라지는 것들

　교육은 한 국가의 근간이다. 그래서 국가에서는 최고의 전문가들을 모아 국가의 구성원으로서 갖추어야 할 기본 소양을 기르기 위한 교육의 기준을 세운다. 그것이 바로 초중고교의 교육과정이다. 다시 말하면 교육과정은 나라에서 우리 학생들을 어떤 목적으로 어떻게 교육할 것인지를 자세하게 알려 주는 계획서와도 같다. 그러니 우리가 아이를 어떤 방향으로 지도해야 하는지를 이해하기 위해서는 반드시 교육과정을 살펴볼 필요가 있다.

　현재 우리는 '포용성과 창의성을 갖춘 주도적인 사람'을 비전으로 내세운 '2022 개정 교육과정' 도입을 앞두고 있다. 초등 과정은 2024년 1, 2학년부터 우선 시작하여 2025년 3, 4학년을 거쳐 2026년 3월부터는 전 학년에 적용될 예정이다. 중고교는 2025년 중학교 1학년, 고등학교

1학년을 시작으로 연차적으로 적용된다. 그리하여 2027년이 되면 초중고 전 학년에 적용된다. 2022 개정 교육과정의 핵심 키워드와 함께 주요 변화들을 살펴보자.

2022 개정 교육과정에 따른 변화	
초등학교	3~6학년 선택과목 제도 도입
중학교	자유학년제(1년) → 자유학기제(1학기)로 축소
고등학교	국어, 수학, 영어 총 수업 시간(425시간 → 320시간) 축소 사회탐구 중 '한국지리', '동아시아사', '정치와 법', '경제', '윤리와 사상'은 일반 선택에서 제외
공통	디지털 소양을 위한 정보 교육 강화 초6, 중3, 고3 2학기 등 학교 전환 시기에 진로연계학기 신설

초등 과정에서는 처음으로 선택과목이 도입된다. 대한민국 모든 초등학교가 공통 교과를 똑같이 가르치던 모습에서 벗어나 학교의 여건 또는 학부모와 학생의 요구에 맞춰 필요한 과목을 신설하여 가르치겠다는 것이다. 선택과목은 3학년부터 6학년까지 학년별로 2개 과목씩 총 8개 과목의 운영이 가능하다.

2023년 서울 광진구에 있는 화양초등학교가 문을 닫았다. 초등학교에 다녀야 하는 학령기 아동의 인구 감소로 문을 닫은 초등학교가 서울에서도 벌써 세 곳째다. 서울시 교육청에 따르면 초등학교 중 학생 수가 240명 이하인 소규모 학교는 2023년 62곳에 달한다고 한다. 그리고 2027년에는 80곳 이상으로 늘어날 것이라고 전망했으나, 학령 인구 감소세가 가팔라지면 예상치를 뛰어넘을지도 모른다. 이렇듯 학령 인구가 계속해서 줄어드는 상황에 맞추어 획일적인 교육에서 벗어나 학생 개개인이나 학교 특성을 고려한 맞춤형 교육으로 나아가겠다는 것이다.

초등학교 1~2학년 과정에서는 수업 시간에도 큰 변화가 있다. 국어 수업이 기존의 448시간에서 482시간으로 늘어나게 된다. 초등학교 입학 초기의 한글 교육을 강화한다는 뜻인데, 요즘은 대부분의 아이들이 초등학교 입학 전에 기본적인 한글을 익힌다. 하지만 그렇지 못한 아이들도 분명히 있다. 그 격차를 엄마나 가정의 책임으로 돌리지 않고, 교실 안에서 충분히 해결하고자 하는 방안이다.

한글 교육이 중요해진 또 하나의 이유가 있다. 아이들이 어릴 때부터 다양한 매체에 노출되고 있다는 것이다. 여성가족부가 발표한 '2022년 청소년 인터넷·스마트폰 이용 습관 진단조사' 결과에 의하면 조사에 참여한 초4 아이들의 96.5%가 스마트폰을 갖고 있었다고 한다. 스마트폰뿐만 아니라 팬데믹 시대를 거치며 태블릿 같은 스마트기기들도 학습 필수 도구로 자리매김했다.

이런 상황에서 아이들이 스마트기기를 이용해 각종 매체를 접하는 상황을 일일이 통제하기는 사실상 어렵다. 그렇다면 매체를 통해 접하는 정보들을 올바로 이해하고 받아들이는 법을 가르쳐야 하지 않을까. 그래서 저학년의 국어 수업이 더 중요해졌다. 이를 위해 이번 교육과정에서는 디지털 다매체 시대로 변화한 언어 환경에 맞게 국어에 '매체' 영역을 신설해 초등 과정부터 체계적이고 종합적인 매체 관련 교육을 꾀하고 있다.

이제 '독서=책 읽기'라는 고정관념은 버려야 한다. 지금은 책을 눈으로만 읽는 시대도 아니고 정보를 인쇄 매체로만 접하는 시대도 아니다. 현대인이 정보를 얻는 수단으로 가장 많이 이용하는 것이 인터넷이 된 지 오래고, 인터넷에 넘쳐 나는 지식과 정보들의 신뢰성을 잘 따져 볼 수 있어야 한다. 그러니 아이가 왜곡된 정보 때문에 오류를 겪지 않게 하려면 올바른 '미디어 독서법'을 가르치는 것은 필수라고 할 수 있다. 이를 위해서는 당연히 부모부터 매체를 바르게 활용하는 모습을 보여야 한다. 출처나 신뢰성은 제대로 따져 보고 있는지, 지나치게 의존하고 있지는 않은지 우리의 매체 이용 습관부터 점검해 보도록 하자.

수학에서는 일부 어려운 내용들이 삭제되거나 쉬워졌다. 수학은 모든 학문의 기초라 불릴 만큼 늘 중요한 자리를 차지하는 과목이기는 하지만 '디지털 인재'로 자라나야 하는 지금의 아이들에게는 더더욱 그 중요성이 커졌다. 그런 만큼 아이들이 수학에 흥미를 느끼고 실생활에서의 필요성을 실감할 수 있도록 학습 방향을 조절하되 학습의 부담은 덜 수 있도록 조정하였다.

이번 개정 교육과정에서 특히 강조하고 있는 것은 바로 디지털 인재 양성이다. 디지털(digital)은 쉽게 말해 자료를 숫자로 나타내는 방식이며, 자료를 0과 1을 사용하는 이진법으로 치환해 컴퓨터가 이해할 수 있도록 하는 것이다. 디지털을 자유자재로 활용할 수 있는 인재가 되려면 수학적 사고력을 갖추는 게 중요하다. 그래서 이번 교육과정에서 수학은 디지털 역량을 키우는 데 필요한 개념과 원리를 강화하는 방향으로 재편된다. 이번 교육과정 개편에서 부모들이 가장 혼란을 느끼고 대처를 어려워하는 부분이 바로 디지털과 관계된 내용들인데, 이와 관련해서는 다음에 나오는 '미래 사회를 주도하는 디지털 인재(60쪽)'에서 자세하게 이야기해 보기로 하자.

영어에서는 듣기, 말하기, 읽기, 쓰기 등 네 개의 영역으로 나뉘었던 학습 과정이 이해(reception)와 표현(production)으로 재구성된다. 사실 지금 학교에서 배우는 영어는 시험을 위한 내용이 많이 포함되어 있다. 그래서 외국에서 지내다 와서 영어로 의사소통이 능숙한 아이들도 한

국식 영어 시험을 위해 문법 공부를 따로 해야 하지 않던가. 이런 점을 개선해 영어라는 언어를 보다 실용적으로 활용할 수 있는 능력으로 키울 수 있도록 한 것이다.

안전 교육에도 변화가 있다. 초등 1, 2학년의 경우 안전 교육 시간은 지금처럼 64시간으로 유지하되 '안전한 생활'이라는 교과에서 배우는 안전 교육을 '바른 생활' '슬기로운 생활' '즐거운 생활' 등 관련 있는 교과와 연계하는 방식으로 개편되었다. 또한 안전 관련 교육은 체험형·실습형으로 강화되었다.

2015 개정 교육과정

구분		1~2학년	3~4학년	5~6학년
교과(군)	국어	국어 448 수학 256 바른 생활 128 슬기로운 생활 192 즐거운 생활 384	408	408
	사회/도덕		272	272
	수학		272	272
	과학/실과		204	340
	체육		204	204
	예술(음악/미술)		272	272
	영어		136	204
창의적 체험 활동		336 (안전한 생활 64)	204	204
학년(군)별 총 수업 시간 수		1,744시간	1,972시간	2,176시간

2022 개정 교육과정				
구분		1~2학년	3~4학년	5~6학년
교과(군)	국어	국어 482 수학 256 바른 생활 144 슬기로운 생활 224 즐거운 생활 400	408	408
	사회/도덕		272	272
	수학		272	272
	과학/실과		204	340
	체육		204	204
	예술(음악/미술)		272	272
	영어		136	204
창의적 체험 활동		238	204	204
학년(군)별 총 수업 시간 수		1,744시간	1,972시간	2,176시간

    2023년 6월 교육부에서는 '공교육 경쟁력 제고 방안'을 발표하면서 초등학교 3학년과 중학교 1학년을 학습과 성장에 결정적 시기인 '책임 교육학년'으로 지정한다고 밝혔다. 최근 학업 성취도 평가 결과 기초학력에 미달하는 학생들의 비율이 계속해서 상승 중이라고 하는데 이는 팬데믹 기간 동안의 교육 공백이 영향을 미친 탓도 있을 것이다. 학업 성취도 진단 결과 기초학력 미달에 해당하는 학생들만 지원하고 있는 상황이지만, 점차 중하위권 학생들까지 지원 범위를 넓혀 가겠다고 한다. 현재는 학업 성취도 평가 참여를 자율에 맡기고 있어 응시하는 학생들이 그리 많지 않다. 그러나 책임교육학년 제도를 실시하려면 초3, 중1 학생들이 모두 참여하도록 유도할 것으로 보인다.

여기서 평가 대상 학년이 왜 '초3'과 '중1'인지 주목할 필요가 있다. 예전에는 초등학생을 초1~초3의 저학년과 초4~초6의 고학년으로 구분했다. 하지만 지금은 2개 학년씩 저학년, 중학년, 고학년으로 구분한다. 초등 저학년 때는 학교에 적응하는 게 가장 중요해서 학습보다는 태도에 중점을 두고 있다. 초등 중학년부터는 서서히 학습 습관을 형성하고 초등 고학년에 대비해야 하는데 초3부터는 학습 근력을 탄탄하게 키워야 한다. 필자가 늘 10살까지 공부 습관을 만들어야 한다고 강조하는 이유가 여기에 있다. 그런 의미에서 '학습도약 계절학기' 등으로 기초학력이 부족한 초3 아이들의 학습 능력을 잡아 주겠다는 시도는 매우 현실적이고 적절하다고 본다.

초3에 이어 또 한 번 학습의 분기점이 되는 학년이 중1이다. 초등 중학년에서 공부 습관과 올바른 학습 태도를 형성했다면 본격적인 내신 시험이 시작되는 중2에 올라가기 전 중1까지는 국어, 영어, 수학 등 주요 과목의 기본적인 학습이 갖추어져 있어야 한다. 대부분의 중학교에서는 중학교 1학년 때 자유학년제 또는 자유학기제가 실시된다. 자유학기제는 한 학기 동안 지식·경쟁 중심에서 벗어나 학생 참여형 수업을 실시하고 학생의 소질과 적성을 키울 수 있는 다양한 체험 활동을 중심으로 교육과정을 운영하는 제도를 말한다. 자유학기제도 변화하는데 170시간이던 기존의 자유학년제를 102시간의 자유학기제로 바꾸고 편성 영역도 주제 선택, 진로 탐색, 예술/체육, 동아리활동 등 네 개 영역에서 주제 선택, 진로 탐색 영역으로 통합해 단순화했다. 또한 차후 초등학교 6학년 2학기, 중학교 3학년 2학기, 고등학교 3학년 2학기를 진로연계학기로 정해 아이들의 상급 학교 적응과 이해를 도울 예정이다.

고등 과정에서는 진로연계학기와 고교학점제 도입의 영향으로 국어, 영어, 수학 등 주요 과목의 수업 시간이 기존의 425시간에서 320시간으로 105시간 줄어든다. 전체적인 수업량도 줄어서 기존 총 204단위이던 수업 시수가 학점제에 맞춰 총 192학점으로 줄어들 예정이다. 이에 따라 과목당 기본 학점도 축소되는 등 변화가 있고 선택과목도 신설되거나 재구조화될 예정이다. 이런 교육과정의 변화는 당연히 대입의 변화로도 이어질 것이다. 2022 개정 교육과정은 2028학년도 대입부터 적용되는데 그 개편안은 2024년 2월에 발표된다. 대입은 12년 교육의 최종 관문인 만큼 그 변화와 흐름을 파악할 필요가 있다. 이에 관한 내용은 뒤에 나오는 '고교학점제에 대한 이해(66쪽)'에서 조금 더 꼼꼼하게 들여다보기로 하겠다.

미래 사회를 주도하는 디지털 인재

우리나라가 IT(Information Technology) 강국이라고 생각하는 사람들이 많다. 왜 그럴까. 인터넷 보급이나 회선(광케이블)의 수, 반도체 기술, 스마트폰 보급률이 세계 제일이라서? 하지만 IT 즉 정보통신 기술은 하드웨어 제조 기술뿐만 아니라 정보 처리, 멀티미디어, 통신, 보안 등의 소프트웨어적인 정보 기술까지도 포함된다. IT의 각종 분야들에서 기록하는 지표들을 종합적으로 따져 보았을 때 우리나라가 IT 강국이라고 생각하는 것은 잘못된 인식이다.

전국경제인연합회에서 발표한 자료에 따르면 세계 100대 정보통신 기술(ICT) 기업 중 한국 업체는 단 2개에 불과하다고 한다. 200대 기업으로 늘려 보아도 5개에 불과하다. 압도적인 수를 자랑하는 미국은 그렇다 쳐도 중국, 일본의 절반에도 한참 못 미치고 심지어 대만보다도 뒤처졌다. 미국의 AI 인재 및 사업화 수준이 100이라면 우리나라는 현재 15 수준에 불과하다는 평가를 받고 있다. 실상 우리는 인터넷 속도만 빠른 셈이다. 삼성이 세계적인 핸드폰을 만든다지만 그 운영 체제는 구글에서 만든 안드로이드라는 것이 우리의 현실이다.

글로벌 선도국과의 격차는 벌어진 상태이고 덧붙여 관련 인력도 굉장히 부족한 상황이다. 2022년 산업부의 '산업기술인력 수급 실태조사' 결과에 따르면 12대 주력 산업의 부족 인원 비중이 가장 높은 분야는 소프트웨어로 21.5%였고, 전자 분야가 18.7%로 뒤를 이었다. SW, AI 등의 빠른 성장을 고려할 때 이 분야의 인력 수요는 급증할 것으로 예상한다. 또한 디지털 산업뿐 아니라 일반 산업 및 사회 전 영역에 걸쳐 디지털 역량을 가진 인재의 필요성은 지속적으로 커질 것이다.

그렇다면 부족한 인력을 만들어 내야 하는 우리의 디지털 교육 현실은 어떨까. OECD에서는 각국 학생들의 교육 수준 평가를 위해 3년마다 국제 학업 성취도 평가(Programme for International Student Assessment, PISA)라는 시험을 치른다. 비회원국까지 포함해 시행하는 국제 평가로, 국내에서는 교육부와 평가원에서 만 15세(중3)의 성적을 점검한다. 팬데믹 전에 열린 2018년 평가 결과에 따르면 우리나라 청소년(만 15세)의 디지털 교육 수혜율과 디지털 역량(문해력)은 평균에도 못 미치는 수준이었다. 디지털 선진국이라고 믿어 온 우리에게 이러한 결과는 충격적일 수밖에 없다.

이와 같은 상황을 개선하기 위해 교육부는 2022년 8월 '디지털 인재 양성 종합 방안'을 내놓았다. 주요 내용을 살펴보면 다음과 같다.

100만 디지털 인재 양성	- 디지털 혁신공유대학, 소프트웨어중심대학, 신산업특화 전문대학 육성 - 4단계 두뇌한국21(Brain Korea21) 사업을 통해 인재 육성 - 인공지능, 확장 가상 세계(메타버스), 사이버보안, 빅데이터 등 디지털 분야 대학원 확대 - 영재학교, 과학고 대상 소프트웨어·인공지능 특화 교육과정 운영. 영재학급도 2025년까지 70개로 확대
디지털 교육 저변 확대	- 초등학교 34시간, 중학교 68시간 이상 등 정보 교육 수업 시수를 기존 대비 2배 이상 확대·편성 - 초등학교 대상 정보 선택과목 도입. 컴퓨터언어(코딩) 교육 필수화
디지털 교육 체제로의 대전환	- 다양한 정보 교과 교원 활용. 정보·컴퓨터 부전공 교원 지속 증원 - 디지털 대전환 시대를 살아갈 모든 국민이 기초 소양으로써 디지털 역량을 갖추도록 생애 전 주기에 걸쳐 디지털 친화적 인재 양성

이 중 가장 주목할 만한 내용은 '컴퓨터언어(코딩) 교육 필수화' 부분이다. 즉 초등학교에서 컴퓨터언어(코딩) 교육을 하겠다는 뜻이다. 이런 발표에 발맞추어 코딩 학원이 우후죽순 생겼다. 서울에서만 2015년 14개였던 코딩 학원이 2022년 1월에는 103개가 되었는데 무려 7배나 늘어난 수치다. 교육특구 강남·서초구에서도 2개였던 학원이 36개로

늘어났다. 이제는 국영수를 가르치는 일반 학원에서도 코딩 과목을 추가하는 추세다. 실로 코딩 열풍이라고 할 만하다.

우리 아이 디지털 인재로 키우기

디지털 교육에 앞서 엄마들이 꼭 기억해야 할 것이 있다. 소프트웨어 교육의 목적은 '컴퓨팅 사고력(Computational Thinking)'을 가진 창의융합형 인재를 기르는 것이라는 사실이다. 컴퓨팅 사고력은 컴퓨팅의 기본적인 개념과 원리를 기반으로 문제를 효율적으로 해결할 수 있는 사고 능력을 뜻한다. 즉 중요한 것은 컴퓨터를 활용한 문해력과 응용력을 기르는 것이지 아이를 '코딩 기술자'로 만드는 것이 아니라는 것이다. 그러니 디지털 교육에 필요 이상으로 과열되지는 말아야 한다.

• 컴퓨터 없이 하는 코딩 교육, 언플러그드 코딩

코딩은 컴퓨터 프로그램을 만드는 것이지만 코딩 교육은 컴퓨터 없이도 시작할 수 있다. 주변의 사물이나 장난감 등을 이용해 코딩의 기본 원리를 이해할 수 있다. 1990년대 중반 뉴질랜드의 팀 벨 교수가 동료들과 함께 시작한 이 '언플러그드 코딩'은 놀이를 통해 컴퓨터 과학의 중심 개념인 이진수, 이미지 표현, 데이터 압축, 오류 탐색 등의 내용을 쉽고 재밌게 익힐 수 있는 것이 장점이다. 알고리즘의 개념을 이루는 순차 반복 조건, 정렬, 탐색 등의 이해도 가능하다. 보드게임 방식이나 픽셀 아트 방식, 로봇+카드 방식, 레고 블록 방식 등 다양한 방법으로 활용할 수 있는데 특히 유아~초등 저학년 시기에 쉽고 흥미롭게 코딩에 접근할 수 있는 학습 방법으로 유용하다.

• 타자 연습부터 자격증까지

컴퓨터에 무언가를 입력하려면 타자부터 칠 줄 알아야 한다. 부모 세대가 컴퓨터를 처음 배울 때 사용하던 한컴타자연습 프로그램은 지금도 유용하다. 프로그램도 쉽게 찾을 수 있고 다양한 게임을 통해 손가락 자리 연습부터 긴 글 연습까지 지루하지 않고 즐겁게 할 수 있다. 한글 타자는 물론이고 영문 타자까지 제대로 익히게 하자.

코딩을 배울 수 있는 웹사이트들도 다양하다. 대부분 교육 내용을 쉽고 재미있게 구성해 놓았기 때문에 사이트만 알려 주면 아이 혼자서도 곧잘 배운다. 요즘 아이들은 워낙 컴퓨터나 디지털 환경에 익숙하기 때문에 우리 생각보다 훨씬 쉽게 내용을 받아들이고 이해하기 때문이다. EBS에서 운영하는 이솦(EBS Software Learning Platform, 수준별 맞춤형 자기주도 학습을 지원하는 무료 소프트웨어 교육 온라인 플랫폼)이 대표적이다.

초등 방과 후 수업에도 적극적으로 참여하자. 메타버스 교실, 코딩, 3D 프린터, 팅커캐드 프로그램, SW 코딩자격, ITQ 정보기술자격, CDT 코딩창의개발능력, DIAT 디지털정보활용능력 등 다양한 수업이 준비되어 있다. 이런 수업들을 통해 엔트리, 스크래치 등 다양한 코딩 도구를 접할 수 있다. 또한 파워포인트, 엑셀 등을 미리 익혀 두면 나중에 수행평가에서도 유용하게 활용할 수 있다.

프로그래밍 언어		
엔트리	playentry.org	네이버 커넥트재단 운영 블록형 프로그래밍 logic 블록
스크래치	scratch.mit.edu	MIT 미디어랩 개발 블록형 프로그래밍 logic 블록
자바 스크립트	java.com/ko/	Sun Microsystems 프로그래밍 언어 및 컴퓨팅 플랫폼
파이썬	python.org	네덜란드 프로그래머 귀도 반 로섬 설계 Python 소프트웨어 재단(PSF) 개발
HTML		영국 물리학자 티머시 J. 버너스리 제안 웹사이트의 모습을 기술하기 위한 마크업 언어
C		벨 연구소 데니스 리치 개발 범용 프로그래밍 언어 ('C언어'라고 부름)
C++		덴마크 컴퓨터 과학자 비야네 스트로스트룹 개발 객체 지향 프로그래밍

고교학점제에 대한 이해

고교학점제란?

고교학점제는 학생의 기초 소양과 기본 학력을 바탕으로 진로, 적성에 따라 과목을 선택하고 이수 기준에 도달한 과목에 대해 학점을 취득, 누적하여 졸업하는 제도다. 즉 각자의 진로와 적성에 따라 다양한 과목을 선택할 수 있고, 그 과목에서 일정 수준 이상의 성취에 도달해야 학점을 얻을 수 있으며, 그렇게 누적된 학점이 기준에 도달해야 졸업을 할 수 있다는 것이다. 거의 대학과 흡사한 시스템이라고 보면 이해가 쉽다.

오랫동안 공교육의 문제점으로 '획일성'이 지적되지 않았던가. 이를 개선하기 위해 저마다 다른 아이들의 소질과 적성을 고려해 개인의 잠재력을 최대한 발휘할 수 있도록 개인별 맞춤형 교육을 실현하고자 하는 것이다.

고교학점제 적용 과정	
학년도	적용 내용
2023	- 수업량 기준 '단위'에서 '학점'으로 변경(1학년) - 수업 시수 변화 : 3년간 204단위(2,890시간) → 192학점(2,720시간) - 국어, 영어, 수학 '최소 학업 성취 수준 보장 지도'
2024	- 192학점제 2학년까지 확대
2025	- 192학점제 전 학년 확대(교과 174/창의적 체험 활동 18) - 전 과목 A~E등급의 '성취평가제' 및 '미이수제' 도입 * 공통과목은 석차등급 병기. 고1 공통과목은 상대평가

고1 과정에서는 공통과목을 정해진 학점만큼 이수하면 된다. 고2부터 학생이 직접 선택한 과목을 이수하는데, 이때부터는 선택과목의 비율이 전체의 70%를 넘어서게 된다. 교육부 발표에 따르면 고1 공통과목은 1등급부터 9등급까지의 상대평가로 평가하고, 고2와 고3은 A-B-C-D-E 5등급 절대평가 방식의 성취평가제로 평가한다.

고교학점제의 취지는 개별형·맞춤형 수업에 있다. 즉 진로에 따라 본인에게 맞는 수업을 선택하기를 권장한다. 따라서 수강생이 많은 과목도 생기고 적은 과목도 생긴다. 수강생이 적으면 아무래도 상대평가가 어렵다. 100명이 듣는 수업에서는 1등급이 4%이니 4명만 1등급을 받게 되는데 수강생이 10명이라면 0.4명만 1등급인 셈이다. 따라서 선택과목은 A에서 E까지의 5단계 성취평가 즉 절대평가로 평가할 수밖에 없다. 또한 성적을 쉽게 받을 수 있는 과목보다 어려운 내용일지라도 본인의 꿈과 진로에 맞는 과목을 선택하기를 권장하는데 대학에서는 진로선택과목인 경우 A-B-C 3단계로 평가하기도 한다.

고교학점제의 핵심은 학생의 선택권을 존중하고 다양한 교육을 받을 수 있게 하겠다는 것인데 한 학교에서 학생이 원하는 모든 수업을 다 개설할 수는 없다. 그래서 만들게 된 것이 '공립 온라인 학교'다. 현재는 4개뿐이지만 2025년까지 17개로 확대될 예정이다. 다니는 학교에 원하는 과목이 개설되지 않았다면 온라인 학교를 활용해 보자. 듣고 싶은 과목을 적극적으로 찾아서 수강하는 열정, 이러한 태도를 대학에서는 높이 평가한다.

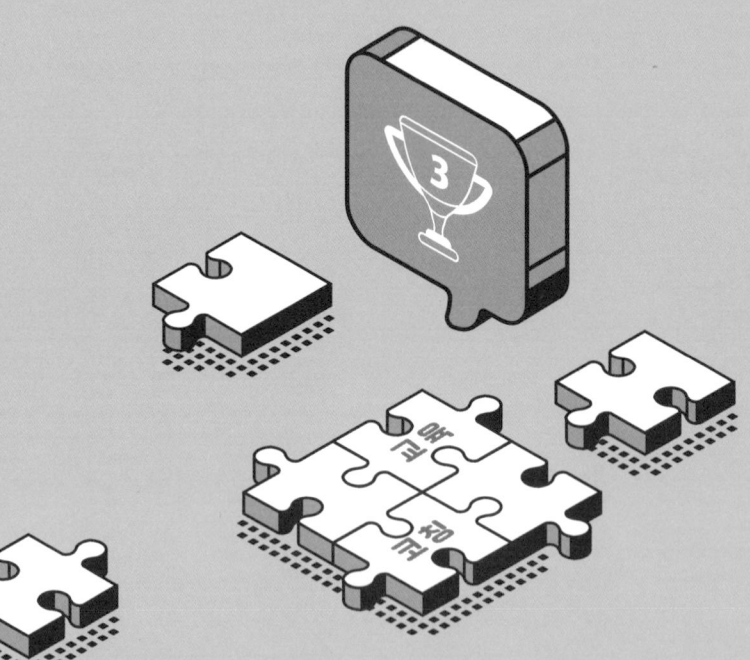

코로나가 지나간 자리, 달라진 것과 변함없는 것

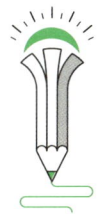

온라인 자기주도학습의 시대

2023년 6월 코로나19 비상 대응 단계가 '심각'에서 '경계'로 하향 조정되었다. 만 3년 넘게 지속되었던 팬데믹 시대가 끝나고 드디어 본격적으로 엔데믹 단계에 접어든 것이다. 전 세계를 휩쓴 이 재난은 우리 생활의 많은 부분을 바꿔 놓았다. 교육 환경은 특히나 환골탈태 수준으로 급변했다. '19세기 교실'에서 벗어나지 못했다는 지적을 받던 교실은 오랜 잠에서 깨어나 한달음에 온라인 속 가상 공간으로 옮겨 갔고, '20세기 교사'라 불리던 선생님들은 최신 화상 회의 기술을 응용한 온라인 수업을 시작했다. 팬데믹이 아니었다면 십수 년에 걸쳐 서서히 일어났을 변화가 단 3년 만에 압축적으로 일어났다.

비로소 21세기 학생들에게 걸맞은 교육 환경이 갖추어졌다고 표현할 수도 있겠지만, 문제는 이런 변화가 충분한 준비 없이 너무 급작스럽게 일어났다는 것이다. 교사도 학부모도 학생도 한동안 갈피를 잡지 못하고 우왕좌왕했다. 그 결과 우려했던 상황이 벌어지고 말았다. 팬데믹 기간 동안 학생들의 학력이 눈에 띄게 저하된 것이다. 이는 우리나라뿐만 아니라 전 세계적인 현상이어서 유니세프에서는 코로나19로 전 세계 1억 6800만 명 이상에 학습 결손이 생겨 '재앙적 교육 위기'가 닥칠지도 모른다고 전망하기도 했다.

이미 교육 현장은 변했고, 이 변화는 멈추지 않을 것이다. 지금과 같은 디지털 환경은 우리 모두가 처음 겪는 일이고, 어느 누구에게도 쌓인 경험치가 없다. 누가 이 새로운 흐름을 적극적으로 받아들이고 대응하는가가 중요해졌다. 나는 엄마는 늘 공부하는 존재여야 한다고 강조한다. 그런데 지금이야말로 그 어느 때보다 엄마들이 열심히 공부하고 앞장서서 정보를 찾아야 할 시기다. 요즘 아이들을 '디지털 네이티브(Digital Native)'라고 하지만 디지털에 익숙하다는 것과 우리 아이에게 필요한 것인지에 대한 고민은 또 다른 문제가 아니겠는가. 넘쳐 나는 정보와 다양한 디지털 기기 앞에서 우리 아이에게 유익한 것과 유해한 것을 구분하며 지도해 주어야 한다.

아날로그 시대에 태어나 디지털에 적응해 가며 자란 엄마들은 이러한 현실이 당혹스러울 수 있다. 낯설기도 하고 서툴기도 하겠지만 용기를 내어 디지털 세상에 적응해야 한다. 주저주저하다가 내 아이가 속한 디지털 세상에서 이방인이 될 수도 있으니 말이다. 외국에 이민 간 사람들 중 자녀는 영어를 잘하는 반면 부모는 돈 버는 데 혹은 아이 돌보는 데 집중하느라 영어를 배우지 못한 분들이 꽤 있다. 아이들은 자라면서 자기들끼리 영어로 대화하고 엄마만 소외되는 장면을 떠올려 볼 수 있겠다. 여차하면 디지털 공간에서 그와 비슷한 소외감을 느끼게 될지도 모른다. 우리는 어디에서든 마음껏 아이들과 소통하는 엄마가 되어야 한다.

나이를 핑계로 대지 말자. 새로운 것을 받아들이는 데 중요한 것은 내가 얼마나 도전적인 사람인가, 적극적이고 모험적인 사람인가 하는 점이다. 지난 4월, 주한 미국대사관 초청 '교육 분야 인플루언서 미국 교류 프로그램(Education Influencers Exchange Program)'에 선발되어 미국에 다녀왔다. 일정 중 자유 시간이 있어서 시내를 구경하고 각자 호텔로 돌아가는 날이었다. 조금 먼 거리라 택시를 부르기로 했는데 20대, 30대, 40대 참가자 모두 우티(UT) 앱이 없었다. 길거리라 와이파이도 안 되어 난감한 상황이었는데 유일하게 60대인 내 핸드폰에 앱이 설치되어 있어서 택시를 바로 부를 수 있었다. 새로운 것에 선뜻 다가간 용기가 빛나는 순간이었다.

팬데믹은 온라인 학습(Electronic learning, e-learning)의 확대를 급속도로 추진시켰다. 디지털 기술과 교육이 접목된 에듀테크는 무서운 속도로 성장하고 있는데 2022년 에듀테크 세미나에 의하면 2021년 약 7조 3250억 원이었던 국내 에듀테크 시장 매출액이 2025년에는 9조 9833억 원을 기록할 전망이라고 한다. 또한 글로벌 마켓인텔리전스(Market Intelligence, MI)에 의하면 글로벌 에듀테크 시장이 2019년 1830억 달러에서 2025년 4040억 달러 규모로 약 2배 이상 성장할 것이라고 한다.

온라인 학습은 단순히 강의를 온라인으로 옮기는 것이 아니다. 데이터와 인공지능(AI), 가상현실(VR), 증강현실(AR) 등의 최신 정보통신 기술을 이용하여 교사나 콘텐츠 공급자 중심에서 벗어나 학습자를 중심으로 한 다양한 형태의 수업과 콘텐츠가 개인 맞춤형으로 제공될 것이다. 즉 앞으로 교육용 콘텐츠는 오프라인과 온라인이 병행되고 이는 학교 교육 현장에서도 적용될 것이다. 2025년 도입 예정인 'AI 교과서'는 기존 종이책 내용뿐 아니라 학생들이 궁금한 걸 물어보면 답하는 챗봇(대화형 인공지능) 형태의 'AI 교사'가 들어 있다. 학생마다 무엇을 잘하고 못하는지 분석해 주고, 맞춤형 처방도 내려 준다. 이제 선생님의 역할은 지식 주입이 아니라 학생들의 정서를 돌보고 토론·협력 활동을 이끄는 것으로 바뀔 전망이다.

온라인 학습을 잘하기 위해서는 '디지털 리터러시(Digital Literacy)' 즉 디지털을 읽고 쓰는 능력부터 길러야 한다. 디지털 리터러시는 단순히 디지털 콘텐츠에 대한 이해와 활용 능력만 뜻하는 것이 아니라 디지털 기술과 미디어를 비판적으로 수용하는 능력, 디지털 도구와 기술을 활용하는 능력까지를 모두 포함하는 개념이다. 얼굴을 마주 대하는 직접적인 소통보다 각종 디지털 매체를 이용한 소통이 늘어 가는 시대에 디지털 리터러시는 올바른 의사소통을 위한 필수적인 능력이라고 할 수 있다. 또 인터넷에 넘쳐 나는 수많은 정보들 사이에서 진짜와 가짜를 구별하기 위해서도 반드시 필요하다.

가짜 뉴스는 대부분 자극적이어서 쉽게 사람들의 관심을 끌고 빠르게 퍼진다. 2018년에 발표된 MIT의 연구에 의하면 가짜 뉴스는 진짜 뉴스보다 퍼지는 속도가 6배나 빨랐다고 한다. 그사이 SNS 이용자와 채널의 수가 늘어난 것을 감안하면 지금 인터넷 속에는 얼마나 많은 허위 정보가 넘쳐 나고 있겠는가. 그 속에서 진실을 가려내는 능력이 중요해지는 것은 너무나도 당연한 일이다. 무엇보다 디지털을 빼고 논할 수 없는 미래 사회에서 디지털 리터러시는 인재의 필수 요건이다. 단순히 인터넷이나 앱을 수동적으로 사용하는 것에 그쳐서는 곤란하다. 디지털 도구를 필요에 따라 주도적으로 사용하여 다양한 콘텐츠를 생산하고 공유하는 방법을 배워야 한다.

2018년 열린 국제 학업 성취도 평가(PISA)에서 우리나라 학생들의 읽기 영역 점수는 37개국 중 5위를 기록해 상위권이었다. 그런데 디지털 리터러시 수준은 최하위권으로 드러나 우리에게 충격을 주었다. 이런 결과가 나오게 된 이유를 짐작할 수 있는 문항이 있었다. 정보가 주관적이거나 편향적인지를 식별하는 방법에 대해 교육을 받았는지를 물었을 때 절반이 넘는 51%가 받지 못했다고 답했고, 사실과 의견을 식별할 줄 아는 능력은 25.6%에 그쳐 꼴찌였다. 이에 교육계에서도 위기감을 느끼고 디지털 리터러시 교육을 강화하려고 노력하고 있다.

  대부분의 아이들은 초등학교 입학 전에 이미 스마트폰을 다루고 인터넷으로 다양한 글을 접한다. 그러니 디지털 리터러시 교육의 시작은 학교가 아닌 집에서부터 이루어져야 한다. 평소 인터넷이나 각종 SNS에 올라온 글 또는 유튜브 같은 동영상 매체를 볼 때 그 내용에 대해서 함께 이야기를 나누며 아이의 판단력을 길러 주도록 하자. 그것부터가 온라인 학습의 시작이다.

  온라인 학습은 우리가 전통적으로 해 왔던 학습 방식과는 다르다. 그래서 효과적인 수업 방법에 대한 고민이 필요하다. 일단 기본적인 것들을 생각해 보자. 수업을 선택할 때는 유료 강의의 경우 무료 체험권을 이용해 강의를 들어 보면서 아이에게 필요한지를 먼저 판단하는 것이 좋다. 온라인강의의 장점 중 하나는 장소에 크게 구애받지 않고 들을 수 있다는 것이다. 그러나 되도록이면 강의실에서 강의를 듣듯 장소를 일정하게 정해 놓는 것이 수업에 대한 긴장감을 유지하는 데 도움이 된다. 소리는 헤드폰이나 이어폰보다는 스피커를 통해 들을 수 있게 준비하자. 그래야 감각이 귀로 분산되지 않고 강의에 더욱 집중할 수 있다. 필요한 교재가 있다면 미리 챙기고 노트도 준비해서 중요한 내용은 반드시 필기하면서 듣도록 하자.

처음 온라인강의를 들을 때는 엄마가 옆에서 함께 듣는 것이 좋다. 옆에서 지켜보면서 간섭하라는 뜻이 아니라 아이가 강의를 문제없이 잘 듣고 있는지, 기기를 다루는 데 어려움은 없는지 살펴보고 도와주라는 말이다. 강의를 듣는 도중에는 수업에만 집중할 수 있도록 컴퓨터 화면에 다른 창을 띄워 놓지 않는다. 핸드폰도 가까이 두지 않는 게 좋다. 온라인강의의 가장 큰 단점은 선생님과 직접 소통하기가 어렵다는 것인데 질문 게시판을 활발하게 이용하며 이런 단점을 극복해 보자. 쌍방적인 학습은 동기와 의욕을 북돋아 주고 효과 또한 높여 준다.

강의를 들은 후에는 그날 배운 내용에 해당하는 문제를 풀어 보며 복습하도록 하자. 수업의 내용은 반드시 강의를 들은 날 알고 넘어가야 한다. 강의에 충분히 담지 못한 내용이 있을 수도 있으므로 교재를 꼼꼼하게 읽어 보는 게 좋다. 강의 내용이 어려워서 충분히 이해하지 못했다면 보충 교재를 사용해 보완하도록 한다.

이와 같은 내용을 바탕으로 온라인 자기주도학습을 위해 실천해야 할 것들을 일곱 가지로 분류해 보았다. 이를 참고하여 아이가 자신에게 맞는 온라인 학습 방법을 찾을 수 있게 도와주자.

	온라인 자기주도학습 가이드	
1. 수업 준비	- 일찍 자고 일찍 일어나기 - 씻고 밥 먹고 기다리기 - 로그인하고 교재 읽어 보기	늦잠 NO 잠옷 NO
2. 학습 환경	- 의자에 바른 자세로 앉기 - 시간표 붙여 놓기 - 시간에 맞추어 학습하기 - 교과서와 필기구 준비하기	좌식보다 의자 OK 간식 NO 지저분한 책상 NO
3. 과제 제출	- 수업 끝난 후 복습하기 - 수업 끝난 후 과제 하기 - 수업 중 발표하기 - 보고서 만들기 (사진, 영상 업로드, 글쓰기 능력 키우기)	과제 미루기 NO 핸드폰은 꼭 필요할 때만 OK
4. 독서 관리	- 독서 활동을 소홀히 하지 말기 - 과제에 독후감이 포함됨 - 독서 활동은 균형 있게, 독후 활동은 성의 있게	지나친 영상 NO
5. 건강 관리	- 과도한 영상 시청 자제하기 - 시력 보호 신경 쓰기 - 실내 공기 신선하게 유지하기 (환기하기, 공기 청정기 사용하기) - 바른 자세 유지하기 - 운동하기 - 골고루 먹기	지나친 간식 NO 인스턴트 음식 NO

6. 마음가짐	- 온라인 수업도 등교 수업처럼 생각하기 - 타인을 위해서가 아닌 나 자신을 위해 공부하기 - 꿈을 향해 한 걸음 다가가기 - 시간을 효율적으로 쓰기	출석 체크만? NO
7. 부모 역할	- 저학년은 처음에 엄마와 함께 듣기 - 워킹맘은 상세 수업 일정 확인하기 - 수업을 제대로 했는지 저녁에 꼭 확인하기	알아서 하겠지? NO 지나친 간섭 NO

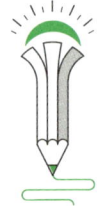

놓치지 말자, 수행평가 :
노트 필기와 말하기의 중요성

온라인 학습이 새로운 학습 방법으로 떠올랐다고 해서 학습의 기본과 핵심이 변하는 것은 아니다. 그렇다면 무엇이 기본이고 무엇이 핵심인가. 학습의 기본은 학교 공부다. 서울대에서 원하는 인재상은 '학교생활에 충실한 인재'다. 학교에서 평가는 지필평가와 수행평가로 나뉘는데 중간고사와 기말고사처럼 결과를 놓고 평가하는 것보다 과정을 평가하는 수행평가의 역할이 중요해지고 있다.

수행평가는 교사가 학생들의 학습 과제 수행 과정 및 결과를 직접 관찰하고 그 결과를 판단하는 평가 방식으로, 1999년부터 정식으로 도입되었다. 학생들이 자신의 지식이나 기능의 습득 여부를 실제 수행을 통해 보여 주거나 산출물을 통해 보여 주는 것이다. 즉 지필평가처럼 결과만 보는 게 아니라 학습의 과정 또는 수행의 과정을 평가하는 것이 주요 목적이다. 이는 선택형 문항 중심인 지필평가의 대안이 되는 평가 방식으로, 성적표에서는 지필평가와 수행평가 이 둘의 점수를 합산하여 한 과목의 최종 점수를 매기게 된다.

중고등학교에서는 수행평가 결과가 내신에 반영되는데, 일부는 학교생활기록부에 과목별 세부 능력 및 특기 사항으로 입력된다. 특목고(특수목적고등학교), 자사고(자립형사립고등학교) 등 선발형 고등학교를 준비하는 중학생과 학생부 관련 전형을 준비하는 고등학생들은 특히 충실하게 해야 한다. 수행평가는 1학기에는 5월과 6월, 2학기에는 10월과 11월에 주로 실시되는데 과목이 많으므로 학교알리미(전국의 초중고등학교에 대한 전반적인 현황 등 주요 정보를 간편하게 확인할 수 있는 서비스)에 들어가 수행평가 일정을 미리 알아보고 준비하는 것이 좋다.

우선 수행평가의 종류부터 알아보자.

수행평가 종류	
논술	- 학생의 생각이나 의견을 직접 기술 - 창의성, 문제 해결력, 비판력, 통합력, 정보 수집 및 분석력 등의 고등 사고 능력을 평가
구술	- 특정 주제에 대해 자신의 의견이나 생각을 발표 - 준비도, 이해력, 표현력, 판단력, 의사소통 능력을 평가

토의·토론	- 특정 주제에 대해 학생들이 서로 다른 의견을 제시하며 토의·토론 - 준비한 자료의 다양성, 적절성, 토론 내용의 논리성, 상대방의 의견을 존중하는 태도, 토론 진행 방법을 평가
프로젝트	- 특정한 연구 과제나 산출물 개발 과제를 수행한 다음 프로젝트의 전 과정과 결과물을 평가 - 계획서 작성 단계부터 완성 단계에 이르는 전 과정 평가
실험·실습	- 직접 실험·실습을 하고 보고서를 작성해 제출 - 기자재의 조작 능력, 태도, 지식을 적용하는 능력, 협력적 문제 해결 능력을 평가
포트폴리오	- 학생이 산출한 작품을 체계적으로 누적하여 수집한 작품집 - 학생의 강점이나 약점, 성실성, 잠재 가능성 등을 종합적으로 파악할 수 있고 성장 과정을 한눈에 볼 수 있어서 학생에게 유용한 피드백을 줄 수 있음
자기평가/ 동료평가	- 자기평가 : 학생이 스스로 작성한 자기평가 보고서를 교사가 평가 - 동료평가 : 학생들이 상대방을 서로 평가한 보고서를 교사가 평가 - 학습 준비도, 학습 동기, 성실성, 만족도, 다른 학습자들과의 관계, 성취 수준에 대해 스스로 생각하고 반성할 수 있는 기회 제공

선생님들은 위와 같은 여러 수행평가 유형 중 담당 교과의 특성에 맞는 평가 방법을 선택한다. 이런 수행평가를 대비하기 위해서는 어떤 준비를 해야 할까? 여기서 놓치지 말아야 할 두 가지 포인트를 짚어 보려고 한다. 바로 '노트 필기'와 '말하기'다. 이는 좁게는 수행평가 대비를 위해서, 넓게는 우리 아이가 우등생이 되고 미래 인재로 성장하는 데 꼭 필요하다. 그 이유를 지금부터 알아보자.

우등생 만점의 비밀 '노트 필기'

아래의 예시에서와 같이 많은 선생님이 다양한 수행평가 방법 중 하나로 '노트 검사'를 택한다. 그만큼 노트 정리가 학습 효과에 미치는 영향이 크기 때문이다. 수행평가에 앞서 지필평가에서 만점을 받기 위해서도 세심한 노트 필기는 필수적이다.

평가 종류	지필평가		수행평가	
반영 비율	50%		50%	
횟수/영역	1차(기말)		자기주장 쓰기	노트 검사
방법/항목	선택형	서술형	논술	노트 검사
영역 배점	100점	0점	50점	50점
영역 반영 비율	50%	0%	25%	25%
평가 시기	7월		6월	6월
핵심 역량	비판적·창의적 사고 역량, 자기 성찰 계발 역량, 공동체 대인 관계 역량			
평가	A 50점, B 45점, C 40점, D 35점, E 30점			

어떤 학생이든 학습 내용을 수업 시간에 100% 습득할 수는 없다. 설령 100% 안다고 해도 망각은 금세 그 내용을 잊어버리게 한다. 학교 시험은 학교 선생님들이 출제한다. 따라서 학교 시험을 잘 보기 위해서는 학교 수업 내용을 정리한 노트를 반복해서 복습하는 것이 기본 중에 기

본이다. 한 방송에서 서울대 학생과 인터뷰를 하면서 '공부를 잘하는 비결이 무엇이냐? 어떤 것을 잘하느냐?'라는 질문을 한 적이 있다. 대부분의 학생들이 '노트 필기를 잘한다'고 대답했다. 심지어 선생님의 모든 말씀을 적는다고 한 학생도 있었다. 선생님이 가르치는 학습 내용, 농담처럼 말한 에피소드 등이 모두 평가 대상이 될 수 있다. 본인의 노트를 보면서 수업 전체를 복기할 수도 있고 그러면서 어떤 문제도 풀 수 있게 된다.

노트 필기를 잘하려면 어떻게 해야 할까? 먼저 수업 듣기 전 예습은 필수다. 어떤 내용을 공부하게 될 것인지 주요 내용을 미리 알아 두면 수업 내용이 훨씬 더 잘 들리고, 잘 들려야 잘 적을 수 있다. 궁금한 내용이 있으면 미리 질문을 메모지에 정리해 두어야 잊어버리지 않고 해결할 수 있다. 준비물도 미리 챙겨야 한다. 때로는 교과서의 여백도 훌륭한 노트가 된다. 교과목에 따라서는 교과서와 노트를 하나로 합치는 '교과서 단권화 전략'도 유용하다. 하지만 필기할 내용이 많은 교과목은 노트를 따로 선택하되, 교과 특성에 따라 각각 다른 형태의 노트를 사용하는 것도 좋다. 노트의 목적은 '꾸미기'가 아니라 '정보를 정리'하는 것이므로 그에 맞는 것을 선택하자. 선생님이 추천하는 노트가 있다면 그것을 사용하는 것도 좋다.

용도에 따라 달리 사용할 수 있도록 색깔 볼펜을 준비하되 빨강이나 파랑 외에 보라색이나 초록색 같은 기타 색도 하나 준비하자. 그 펜으로는 선생님의 말씀만 따로 적는 것이다. 수업 중에 선생님이 하시는 모든 말씀은 '은쟁반에 옥구슬 굴러가는' 소리로 생각하고 귀하게 들어야 한다. 그러니 선생님 말씀을 적는 이 펜을 '옥구슬 펜'이라고 불러도 좋겠다. 옥구슬 펜으로 선생님 말씀을 적는 이유는 다른 필기 내용과 구분해 한눈에 알아보기 위해서다. 특히 교과서에 없는 내용을 설명했을 때는 시험에 나올 가능성이 크니 꼭 옥구슬 펜으로 적어 두었다가 꼼꼼하게 들여다보자.

형광펜도 필요하다. 대신 아무 내용에나 기분 내키는 대로 형광펜을 쓰지 말고 주요 하이라이트 부분에만 사용하자. 그래야 복습할 때 시간 낭비를 줄일 수 있다. 노트의 한정적인 공간을 확대하려면 포스트잇도 필요하다. 다만 필요한 내용을 찾아보기 힘들 정도로 덕지덕지 붙이면 오히려 효율이 떨어지므로 곤란하다. 표나 그래프를 그릴 때를 대비해 적당한 길이의 자도 필통에 하나 넣어 다니는 게 좋다.

준비물을 다 챙겼다면 이제 실제 노트 필기를 할 때의 요령을 알아보자. 다음 10가지를 잘 기억하면 100점 비법이 담긴 나만의 훌륭한 필기 노트를 가질 수 있다.

100점 받는 노트 정리 비법 10가지

1. 앞자리에 앉아라.
2. 수업 중에 나눠 주는 부교재(프린트물)를 필기와 함께 보관해라.
3. 결석은 되도록 피하고, 피치 못해 결석을 했다면 친구에게 노트를 빌려 꼭 보충해 놓자.
4. 노트에 제목과 날짜를 쓰자.
5. 교재를 미리 읽자.
6. 집중력을 발휘해 수업을 귀 기울여 듣자.
7. 수업 중 요점을 확인하고 선생님이 강조한 부분은 정확하게 표시하자.
8. 칠판에 적힌 내용은 모두 적자. 내용이 많아 힘들다면 자신만 알아볼 수 있게 약자나 암호로 표시해 두고 수업이 끝난 후 정리하자.
9. 노트에 여백을 남겨 추가 설명이나 질문할 내용을 적을 자리로 활용하자.
10. 수업 중 궁금한 것이 있으면 반드시 질문하고 그 내용을 적어 두자.

필기를 아무리 열심히 해도 다시 들여다보지 않으면 소용이 없다. 학교 수업은 텍스트가 기반이지만 점차 이미지 위주로 많이 전환되고 있다. 그래서 평가에서도 이미지를 활용한 문제가 자주 출제된다. 그러니 복습할 때 필기한 내용을 표나 그래프로 전환할 수 있어야 하고 반대로 표나 그래프의 내용을 텍스트로 전환해서 정리할 수도 있어야 한다. 나만의 방법으로 필기 내용을 그림, 도형, 그래프 등 이미지로 정리하면 재미도 있고 기억도 더 잘할 수 있다. 그래서 내용이 어렵고 복잡해서 외우기 힘들다면 이미지를 활용해 정리하는 것도 좋은 방법이다.

미래 인재의 핵심 역량 '말하기'

수행평가 중에는 구술 평가나 토의·토론 평가처럼 남들 앞에서 '말'을 하고 그 모습을 평가받는 것들이 있다. 수행평가는 평상시의 수업 태도도 큰 영향을 미치는데, 수업 중에 자신의 의견을 적극적으로 표현하는 것도 중요하다. 미래 사회가 요구하는 인재는 다양한 분야의 지식을 활용하고 다양한 분야의 전문가들과 힘을 합쳐 시너지를 낼 수 있는 창의융합형 인재인데, 이를 위해서 가장 필요한 능력은 '소통'이다. 말은 가장 기본적인 소통의 도구이자 표현의 도구이다. 자신이 아는 것을 효과적으로 상대에게 전달하거나 혹은 자신의 의견을 설득력 있게 표현할 수 있어야 한다.

이미 우리 기업들도 커뮤니케이션 능력의 중요성을 깨닫고 있다. 온라인 취업 플랫폼을 운영하는 사람인에서 431개 기업을 대상으로 '채용 시 소프트스킬 평가 필요성'에 대해 조사한 결과 87.7%가 '필요하다'고 답했다. '소프트스킬'은 기업 조직 내에서 커뮤니케이션, 협상, 팀워크, 리더십 등을 활성화할 수 있는 능력을 뜻하는데 이에 발맞추어 교육 현장도 변하고 있다. 참여형·체험형 수업이 늘어나며 협업의 중요성을 체화시키고 사회성을 키우는 데 주력하고 있다. 이런 수업에서는 적극적이고 자기표현을 잘하는 아이가 두드러지고 좋은 평가를 받게 된다.

그럼 말을 잘하는 아이로 키우기 위해서는 어떻게 해야 할까? 우선은 다양한 독서와 깊이 있는 사고를 통해 머리와 내면을 충실하게 채워야 한다. 그래야 상대에게 신뢰를 줄 수 있는 내용을 구성할 수 있다. 그런 다음에는 그것을 남들에게 잘 전달하는 요령이 필요하다. 나는 말을 잘하는 방법으로 다음과 같은 세 가지를 제안한다.

• 첫째, 귀로 들어라.

대화 상황이 아니어도 일방적으로 혼자만 말하는 경우는 거의 없다. 강연이나 발표를 하더라도 중간중간 청중들과 이야기를 주고받는다. 이때 상대가 하는 이야기를 귀로 잘 들어야 한다. 그래야 맥락과 상황에 맞는 대화를 이어 갈 수 있다. 많은 사람들이 귀가 아닌 '머리'로 듣는다. 상대의 말에 나의 생각, 나의 지식을 섞는다는 뜻이다. 그러면 상대가 'A'라고 이야기하는데 나는 'A+α'로 알아듣거나 혹은 'B'로 알아듣는 경우가 생긴다. 일단은 상대의 말을 정확하게 들을 필요가 있다.

• 둘째, AI처럼 말해라.

내가 하고 싶은 대로 말하지 말고 컴퓨터처럼 주어진 명령대로 말하라. 이는 지식이나 정보를 전달할 때 특히 중요하다. 내가 말하는 내용이 정확해야 하고, 내가 말한 그대로 행동했을 때 의도한 결과가 나와야 한다. 정확한 정보 전달의 좋은 예는 라면 봉지에 쓰여 있는 조리법이다. 출시 전 수없이 테스트한 결과를 바탕으로 물의 양, 끓이는 시간 등 조리법이 간결하게 설명되어 있다. 누가 끓여도 그대로만 따라 하면 맛있는 라면이 된다. 상대에게 중요한 내용을 전달할 때는 감정 빼고, 수식어 빼고, 팩트 중심으로 말해야 한다. 그게 올바른 말하기다.

- **셋째, 매력적으로 말해라.**

내가 무슨 말을 해도 상대가 듣지 않는다면 소용이 없다. 내가 말하면 듣는 사람은 내 세계로 들어와야 한다. 그러려면 내용도 중요하지만 말하는 자체에도 기술이 필요하다. 정확한 발음은 기본이고 고저와 장단, 악센트를 적절하게 활용해 강약이 있고 리듬이 있는 말하기를 해야 한다. 가장 지루하고 졸린 강의가 어떤 강의인가 생각해 보라. 똑같은 말투로, 똑같은 속도로 계속 이어지는 강의다. 제아무리 대단한 지식과 노하우를 가진 사람이라도 청중에게 제대로 전달하지 못하면 좋은 강연자가 아니다. 화려한 언변보다 진정성 있는 그리고 듣는 이를 배려하는 말하기 기술이 필요하다.

학교에서 우리 아이들은 '말하기 시간'을 가질 때가 많다. 다음에서는 학교생활을 하는 데 긍정적인 인상을 주고 좋은 평가를 받을 수 있는 말하기 사례를 알아본다.

- **자기소개**

자기소개는 나의 첫 이미지를 결정한다. 나를 오래 기억하게 만들 수 있는 기회이자 나를 알릴 수 있는 좋은 기회다. 호구 조사 형태의 구태의연하고 지루한 소개 멘트로 대충 넘어가지 말고 본인의 생각과 개성을 잘 표현할 수 있는 요소를 담아내도록 하자. 자기소개가 특히 중요한 순간은 입시의 마지막 단계인 면접시험이다. 이때 자신이 그 학교에 가기 위해 어떤 준비를 했는지 짧은 시간 안에 명확하게 보여 주어야 한다. 면접관이 질문을 할 때는 어떤 대답을 원하는 것인지 그 의도를 파악해 그에 맞는 대답을 해야 한다. 적당한 대답이 떠오르지 않는다고 질문과 관계없이 자신이 미리 준비해 간 말만 늘어놓으면 안 된다.

- **임원 선거와 연설**

임원이 되면 많은 친구들, 선생님들과 소통하게 된다. 학교에서 리더십을 발휘할 수 있는 좋은 기회이니 아이가 원하고 여건이 된다면 도전해 보도록 하자. 임원이 되기 위해서는 공약을 내걸어야 하고 그 공약의 타당성과 실현 의지를 연설을 통해 들려주어야 한다. 본인의 생각과 경험이 녹아 있는 연설문을 작성하고, 그것을 반복해 읽으며 완전히 자신의 것으로 만든 다음 자신 있게 실전에 임하면 틀림없이 좋은 연설을 할 수 있다. 아이가 연설하는 모습을 동영상으로 촬영해 모니터하면서 부족한 부분을 수정·보완하는 과정도 거치면 좋은 경험이 된다.

- **수업 발표**

자신의 생각을 일목요연하게 말하고 설득력 있게 전달하는 것이 무엇보다 중요해졌다. 학교에서도 발표, 토론 수업을 통해 말할 기회를 많이 주려고 한다. 이때 발표력이 부족한 아이는 점점 자신감을 잃고 위축되기 쉽다. 아이가 학교에서 말을 잘하게 하려면 무엇보다 가정에서 부모의 역할이 중요하다. 부모가, 어른이 자신의 말에 귀를 기울여 주고 긍정적인 피드백을 주는 것은 아이에게 대단히 중요한 경험이다. 여기서 얻은 자신감이 바탕이 되어야 밖에 나가서도, 학교에서도 자신 있게 자신의 이야기를 할 수 있게 된다. 만일 학교에서 발표할 차례가 된다면 미리 집에서 연습해 보자. 부모님 앞에서 할 수도 있고 핸드폰으로 녹화하면서 부족한 부분을 보충할 수도 있다. 발표할 내용을 충분히 숙지하고 몇 번 연습만 해도 발표력은 점점 좋아질 것이다.

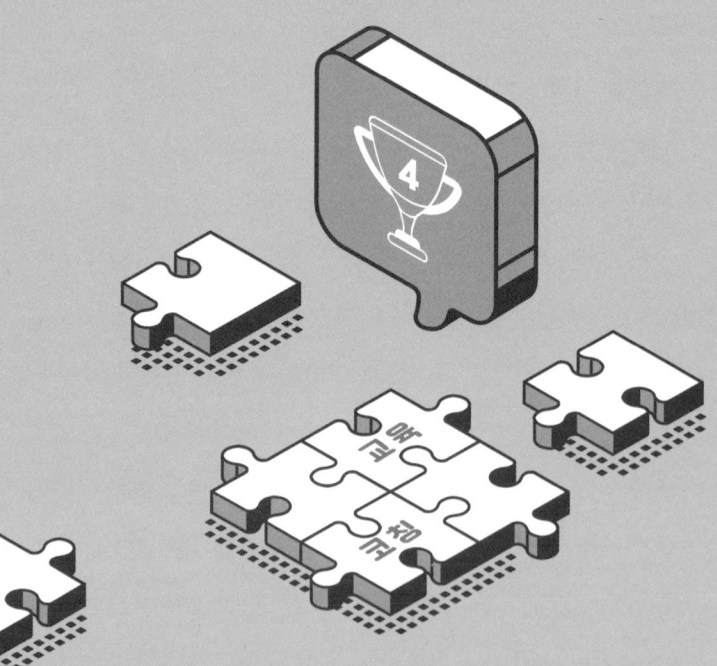

슬기로운
학교생활,
가고 싶은 학군지

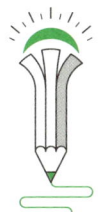

엄마가 알아야 하는 성적표의 의미

"난 우리 아이의 성적표를 한 번도 본 적이 없어요."

성적표를 보는 것은 아이를 괴롭히는 일이고 본인은 아이에게 스트레스를 주지 않는 쿨한 엄마라고 자랑하는 것 같다. 과연 그럴까? 엄마가 자녀의 성적표를 보는 것이 혼내기 위해서일까?

성적표는 한 학기를 끝내면서 받는 과정 평가다. 우리 아이들은 다음 학기를 지내고 또 한 장의 성적표를 받는다. 그럼 성적표를 가정에 보내는 학교의 메시지는 무엇일까? 성적이 좋은 학생은 칭찬을 하고 성적이 나쁜 학생은 야단을 치라는 뜻일까? 아마 이렇게 생각하는 학부모는 어디에도 없을 것이다.

그렇다. 성적표는 학생의 현재 학습 상태를 보여 준다. 초등학교 6학년 국어 과목을 예로 들면 듣기와 말하기, 읽기, 쓰기, 문법, 문학의 영역이 있고 각 영역별로 평가 요소를 알려 주고 평가 결과도 보여 준다. 즉 성적표를 보면 과목별, 영역별 우리 아이의 학습 상태를 알 수 있게 된다. 그러니 자녀에게 부족한 과목이나 영역이 있다면 가정에서 방학 동안 보충하라는 메시지인 것이다.

"초등학교 성적이 뭐가 중요해요?"라고 말하는 엄마들도 있다. 초등학교 성적은 입시에 필요 없다는 뜻일까? 초등학교 성적으로 중학교 입시(진학)를 치르는 게 아니어서 그렇게 말할 수도 있다. 그러나 이는 잘못된 생각이다. 초등학교 성적표는 생활통지표다. 즉 성적 그 자체보다 학교생활에서의 전반적인 태도를 평가하는 것이다. 수업에 충실했다면 '매우 잘함'으로 나올 것이고 수업에 소홀했다면 '노력 요함'으로 나올 것이다.

초등학교는 공교육의 시작이다. 초중고등학교를 거쳐 대학 입시를 치르게 된다. 초등학교 시절부터 착실하게 공부하는 것이 중요하다는 사실은 모든 학부모가 알 것이다. 물론 초등 때의 'ALL 매잘'이 고등학교까지 죽 이어지는 것은 아니지만 학교에서 우등생으로 인정받았던 경험은 우리 아이들에게 자존감을 높여 주는 중요한 요인이 된다. 또한

'평가'에 대해 관심을 가지게 만든다. 학교에서 어떻게 하면 좋은 평가를 받는지 기억하게 하고, 방학 동안 부족한 부분을 보충해서 다음 학기 성적이 올랐다면 그 또한 공부를 잘하게 만드는 동기 부여가 된다. 자녀의 성적표를 보면서 다음 학기에 대한 계획을 세우는 것은 부모가 할 수 있는 중요한 역할이다. '나는 성적표를 본 적이 없어'라는 말은 결코 자랑이 될 수 없으며, 얼마나 오만한 말인지 기억했으면 좋겠다.

자녀의 성적은 교육부에서 운영하는 '나이스(www.neis.go.kr)' 사이트에서 확인할 수 있다. 보통 학기초가 되면 학교에서 나이스에 대해 안내를 한다. 우선은 나이스 홈페이지에서 회원 가입을 해야 하는데 가입을 하자마자 곧바로 성적을 볼 수 있는 것은 아니다. 학교의 승인이 떨어져야 한다. 나이스에서는 아이들의 시간표부터 식단까지 학교생활과 관련된 다양한 정보들을 얻을 수 있다. 이 중 우리가 원하는 성적표는 '학교생활기록부'와 '성적표' 두 군데에서 확인할 수 있다. 그렇다면 구체적으로 우리가 성적표에서 꼭 알아야 할 것들은 무엇이고 어떻게 이해해야 하는 건지 초등학교, 중학교, 고등학교 순으로 살펴보자.

• 초등학교
초등학교 성적표의 명칭은 '생활통지표'이며 초등 과정에서는 아이들의 성적만 보지 않고 전인적인 교육을 하겠다는 뜻이라고 해석할 수 있다. 생활통지표의 구성은 학교에 따라 평가 양식이 조금씩 다르다. 이를 감안해서 일반적인 구성을 살펴보자.

초등 생활통지표 구성	
기본 학적 사항	학생의 반, 번호, 이름
교과 평가	4단계 척도(매우 잘함-잘함-보통-노력 요함) 또는 3단계 척도(매우 잘함-잘함-보통)
출결 상황	- 수업일수 : 학교장이 정한 학년별 학생이 연간 총 출석해야 할 일수 - 결석일수/지각/조퇴/결과 : 질병, 무단, 기타 등으로 구분하여 연간 총 일수 또는 횟수로 각각 입력 - 학적이 변동된 학생 : 변동 전과 후를 합산하여 입력
창의적 체험 활동	- 자율활동, 동아리활동, 봉사활동 등 3개 영역의 특기 사항을 종합하여 기록 - 진로활동 별도 기록 - 안전한 생활 이수 시간 및 특기 사항 별도 기록 - 봉사활동, 진로활동 각 영역별 누가 기록은 담임 교사가 기록 - 학교스포츠클럽활동, 청소년단체활동은 담당 교사가 기록
가정 통신 (행동 특성 및 종합 의견)	- 학급 담임 교사가 문장으로 입력 - 학생에 대한 일종의 추천서 또는 지도 자료가 되도록 입력 - 장단점은 누가 기록된 사실에 근거하여 입력 - 단점은 변화 가능성을 함께 입력

교과 평가는 학교에 따라 3단계 또는 4단계로 이루어지는데 1학기에는 교과 평가만 이루어지고 2학기에는 학기말 종합 의견이 담긴다. 그래서 2학기 생활통지표의 내용이 좀 더 길고 자세한 편이다. 말하자면 초등 과정에서는 1년을 단위로 학습 성과를 평가한다고 볼 수 있다.

• **중학교**

　중등 과정에서는 '성적통지표'라는 명칭으로 학습적인 면을 좀 더 강조하겠다는 뜻을 드러낸다. 중등 과정은 학기제로 운영되기 때문에 1학기와 2학기 성적표 양식이 같다. 성적표를 이해하기 위해서는 성적표에 쓰이는 용어부터 알아야 한다. 중등 성적통지표의 구성을 살펴보면서 낯선 용어가 있다면 뜻을 파악해 보자.

중등 성적통지표 구성	
과목	- 해당 학기에 평가를 실시한 과목 - 중간과 기말은 상이할 수도 있음
교과 평가	- 지필평가와 수행평가로 구분 - 수행평가는 교사가 학생들의 과제 수행 과정과 결과를 직접 관찰하여 성취도를 교사의 판단에 의하여 평가하는 방법
고사/영역 (반영 비율)	- 고사는 중간고사, 기말고사, 수행평가의 사항들을 의미 - 각 고사의 반영 비율의 합산은 100%
만점	- 각 고사에서 받을 수 있는 최고점
받은 점수	- 각 고사에서 개별 학생이 실제로 받은 점수
합계	- 개별 학생의 다양한 평가별 점수에 반영 비율을 반영하여 합산한 점수
성취도 (수강자 수)	- 성취도는 원점수에 따라 평가하며 성취 수준에 따라 A-B-C-D-E등급으로 나뉨 - 교과별 성취도는 보통 지필평가 2회(중간, 기말), 수행평가를 합산하여 학기 단위로 산출
원점수/ 과목평균 (표준편차)	- 과목평균, 표준편차는 원점수를 이용해서 계산 - 소수 첫째 자리까지 표시 - 표준편차는 평균을 중심으로 분포되어 있는 정도를 계산하는 지표

중등 과정에서는 성적이 '등수'가 아니라 '성취도'로 표시된다. 평가 방식이 성취평가제이기 때문이다. 성취평가제는 상대적 서열에 따라 '누가 더 잘했는가'를 평가하는 것이 아니라 '학생이 무엇을 어느 정도 성취하였는가'를 평가하는 제도다. 이는 학교 교육의 평가 방법이 학생들 간의 서열을 중심으로 하는 방식에서 학생들이 성취해야 할 성취 기준(목표)을 중심으로 보는 방식으로 전환되었다는 뜻이다. 등급은 A-B-C-D-E 또는 A-B-C/P로 나뉘는데, 후자의 'P'는 통과(pass)를 의미한다.

성적표를 볼 줄 모르는 엄마들은 원점수만 보거나 그도 아니면 성취도만 본다. 하지만 그보다 더 중요한 것이 평균과 표준편차다. 표준편차는 평균 점수에서 아이들의 성적이 어느 정도 흩어져 있는지를 나타내는 수치. 0에 가까울수록 평균에 많이 모여 있고 수가 커질수록 평균에서 많이 흩어져 있다는 뜻이다. 표준편차와 내 아이의 원점수, 전체 아이들의 평균을 알면 아이의 성적이 어느 정도에 위치해 있는지 산출이 가능하다. 정확한 석차는 표준분포표와 대조해 보아야 알겠지만 간단하게 아이의 점수에서 평균을 빼서 평균보다 얼마나 상위에 있는지 정도만 확인해도 충분하다. 이렇게 구체적으로 알고 있어야 아이의 성적에 대한 객관적인 판단을 할 수가 있다.

예를 들어 아이가 다음과 같은 성적표를 받았다고 생각해 보자.

과목	지필/수행	고사/영역 (반영 비율)	만점	받은 점수	합계	성취도 (수강자 수)	원점수/ 과목평균
국어	지필	1학기 중간 (35%)	100	80.4	87.37	B (286)	87/76.3
	지필	1학기 기말 (35%)	100	83.5			
	수행	과제 수행 및 준비도 (15%)	15	13			
	수행	표현하기 (15%)	15	14			
영어	지필	1학기 중간 (30%)	100	94	94.7	A (286)	95/80.5
	지필	1학기 기말 (30%)	100	95			
	수행	듣기 (10%)	10	10			
	수행	말하기 (15%)	15	15			
	수행	쓰기 (15%)	15	13			

아마 엄마들의 눈에는 가장 먼저 성취도(등급)가 보일 것이다. 국어가 B이고, 영어가 A. 그다음에는 합계 점수가 보일 것이다. 국어는 87.37점, 영어는 94.7점. '영어는 A를 받았으니 됐고, 국어는 B를 받았으니 조금 더 신경을 써야겠네' 정도로 넘어가면 곤란하다. 엄마들이 생각하는 90점대가 상위 10%, 80점대가 상위 20%는 아니다. 학교에 따라 다르지만 일부 학교에서는 A를 받은 학생이 50%가 넘는 경우도 있으니 말이다.

자, 조금 더 세밀하게 보자. 표의 가장 오른쪽에는 원점수/과목평균이 있다. 2020년부터 표준편차는 삭제되었으니 원점수와 과목평균만 비교해도 좋다. 국어는 우리 아이가 받은 점수가 87점인데 평균은 76.3점이다. 즉 평균보다 10.7점이 높다. 영어는 받은 점수가 95점인데 평균은 80.5점이다. 즉 평균보다 14.5점 높다. 원점수만 비교하면 영어가 국어보다 8점 높은 것 같았는데 실제로는 3.8점 잘했다고 볼 수 있다.

국어 점수의 반영 비율도 살펴보자. 중간고사가 35%, 기말고사가 35%, 그리고 두 번의 수행평가 합이 30%다. 즉 중간고사, 기말고사를 만점 받아도 수행평가에서 0점을 받으면 합계 점수가 70점밖에 안 되니 지필평가만 잘 봐서는 좋은 등급을 받을 수 없다는 뜻이다. 그러니 절대 수행평가를 소홀히 해서는 안 된다. 평소에 열심히만 하면 얼마든지 만점을 받을 수 있는데 이를 놓치면 너무 아깝지 않은가. 실제 이 아이의 국어 점수도 살펴보면 수행평가에서 각각 13점, 14점을 받아 3점의 점수를 잃었다. 그런데 합계 점수가 87.37이다. 수행평가에서 만점만 받았어도 A등급이 될 수 있었다는 뜻이니 얼마나 아까운가. 이런 부분을 놓치지 말자는 얘기다.

중학교 성적은 특목고, 자사고 입시에서만 쓰이는 것이 아니다. 일반고를 진학할 때도 '고입석차백분율'로 평가된다. 이는 학생별 고입전형점수를 이용하여 개별 학교 내 졸업 예정자(수)로 나눈 석차의 백분율인데 이 성적이 낮으면 일반고 진학이 어려울 수도 있다. 중학교 2, 3학년에서 이수한 과목의 성적을 교과 점수로 반영하고, 전 학년의 출결/행동발달/창의적 체험 활동/봉사활동 점수를 비교과 점수로 반영한다. 총점은 300점으로 교과 점수는 240점, 비교과 점수는 60점이다.

- **고등학교**

고등학교 성적표는 '과목별 성적 일람표'라 하는데 대학에서는 전형에 따라 반영하는 과목이 다르므로 입시에 반영되는 과목은 학생별로 다를 수 있다.

초등학교, 중학교의 성취평가제와 다르게 고등학교 성적은 다양한 방법으로 평가한다. 교육부는 '공교육 경쟁력 제고 방안'에서 고등학교 1학년이 주로 듣는 공통과목은 현행 내신 9등급제인 상대평가를 유지하고 2~3학년이 주로 듣는 선택과목은 A-B-C-D-E 5등급 절대평가 방식인 성취평가제로 전환한다고 발표했다.

고등 과목별 성적 일람표	
단위 수 (이수 단위)	- 학생이 이수한 과목의 해당 학기 주당 수업 시간 - 일주일에 해당 과목을 몇 시간 수업했는지를 나타냄
원점수	- 문항당 배점의 합에 의해 채점 결과 얻은 그대로의 점수 - 소수 첫째 자리에서 반올림하여 정수로 기록
과목평균	- 과목을 이수한 학생 전체의 평균

표준편차	- 표준편차는 평균에서 얼마나 흩어져 있는가를 나타내는 산포도 - 평균에서 멀어진 정도를 수치로 나타낸 값 - 소수 둘째 자리에서 반올림하여 소수 첫째 자리까지 기록
성취도	- 학생이 달성한 과목별 성취율에 따라 정한 평가 기준 - 비예체능과목은 A-B-C-D-E 총 5가지 성취도 - 예체능과목, 진로선택과목은 A-B-C 총 3가지 성취도
수강자 수	- 해당 과목을 수강한 학생의 수
석차등급	- 전체 이수자 수를 석차 백분율에 따라 9등급으로 표시한 점수 체계 - 등급별 누적 학생 수는 이수자 수와 등급 비율을 곱한 값을 반올림하여 계산

학군지와 적절한 이사 시기

바로 알자, 학군

학부모들에게 학군은 언제나 뜨거운 감자다. 그런데 가만 보면 학군에 대해 뭔가 오해를 하거나 잘못 알고 있는 엄마들도 많은 것 같다. 그래서 이런 질문들을 종종 받는다.

"강남구에 있는 ○○ 고등학교는 어떻게 들어가나요?"
"강남에 있는 ○○ 아파트로 이사 가면 어떤 학교를 배정받게 될까요?"

학군은 전국 어디에나 있다. 평준화 지역의 일반계 고등학교 배정에 관한 개념인데 정식 명칭은 학교군이다. 서울에는 총 25개 구가 있고 11개의 교육지원청이 있다. 각 교육지원청은 2~3개 구를 담당하는데 동대문구와 중랑구는 동부교육지원청, 마포구와 서대문구, 은평구는 서부교육지원청 관할이다. 강남구와 서초구는 강남서초교육지원청 관할인데 순서상 여덟 번째여서 통상 강남8학군이라 불린다.

특목고나 특성화고, 마이스터고처럼 학교장의 재량에 따라 학생을 '선발'하는 학교들은 학군에 포함되지 않는다. 전국 단위로 모집하는 일부 자사고도 마찬가지다. 중학교는 전산 배정에 의하여 학교군 소재 중학교에 배정된다. 교통편을 참작하여 배정한다고 하지만 학교군별 배치 능력상 필요한 경우에는 정해진 학급당 인원수의 범위 내에서 다른 학교군 소재 중학교에 배정될 수도 있다. 초등학교는 기본적으로 입학 정원이 없다. 따라서 행정복지센터에서 전입신고증을 발급받으면 해당 초등학교에 입학 및 전학이 가능하다. 그래서 초등학교는 통상 학군이라 칭하지는 않는다.

사전적 의미의 학군은 이렇지만 우리가 말하는 학군은 교육 환경이 좋은 곳을 말한다. 서울에는 강남학군, 목동학군, 중계학군이 유명하고 경기에는 분당학군, 일산학군이 유명하다. 대구의 수성학군도 입결(입시 결과)이 뛰어나다. 통상 학군지라고 하는 곳에는 유명한 일반고가 많고 대규모 주택 단지가 조성되어 있으며 교통과 치안이 좋다. 공원과 쇼핑몰이 있어 살기 편하고 유흥가나 유해업소가 적어 교육상 좋은 지역이다. 이 지역으로 한번 들어오면 대입을 마칠 때까지 이사를 안 가려는 경향이 있어 타 지역에 비해 집값이 비싼 편이다.

아이의 연령대에 따라 추가하는 조건이 있기도 하는데 유아맘은 자연친화적인 곳을 선호한다. 아이들이 숲이나 공원에서 뛰어놀고, 가까운 곳에 수영장과 스케이트장도 있어 마음껏 운동하기를 바란다. 아이들이 기관이나 영어 유치원에서 공부하는 동안 엄마들이 여가 시간을 즐길 수 있는 문화시설이나 쇼핑센터가 많은 것을 바라기도 한다.

초등맘은 안전 통학에 관심이 많다. 집에서 학교까지 아이들이 오가는 길이 최대한 안전하기를 바란다. 초품아라는 말을 들어 본 적이 있을 것이다. '초등학교를 품은 아파트' 즉 아파트 단지 안에 초등학교가 있다면 거기가 바로 학군지다. 아파트 창문을 통해 학교 운동장이 보이는 곳, 우리 아이들이 무사히 학교에 갔는지 확인할 수 있는 곳, 저학년 엄마들이 가장 선호하는 조건이다. 그런데 고수인 엄마들은 초품아보다 학년별 학생 수에 관심을 갖는다. 학교알리미에서 확인할 수 있는 학년별 학생 수 즉 1학년은 몇 명, 4학년은 몇 명, 6학년은 몇 명인지와 같은 내용 말이다. 그건 학생 수의 증감이 그 학교의 인기도를 말하기 때문이다. 저학년보다 고학년 학생 수가 많다면 이 학교는 엄마들이 아이를 보내고 싶은 학교이고 전학을 많이 왔다는 걸 의미한다.

만일 자녀가 초등 고학년이 될 때까지 이사를 고민하지 않는다면 여러분은 이미 학군지에 살고 있는 셈이다. 초등 고학년이 되어 학생 수가 줄고 주변에 마음에 드는 학원도 없고 앞으로 배정받을 중학교가 마음에 들지 않는다면 엄마들은 이사를 심각하게 고민하기 때문이다.

그렇다면 중등맘이 원하는 학군지는 어떤 곳일까?

'그 학교는 수업 분위기가 나쁘대' '학교 선생님이 열심히 가르치지 않는다고 하네' '특목고를 많이 보내는 학교래'

(예비) 중학생 엄마들은 이런 얘기에 집중한다. 면학 분위기가 좋은 학교를 선호하기 때문이다. 그래야 우리 아이도 덩달아 공부를 할 테니 말이다. 학교알리미의 학생 현황 중 졸업생의 진로 현황을 보면 일반고, 특성화고, 특목고(과학고, 외고/국제고, 예고/체고), 자사고, 기타(영재학교 및 유학) 실적을 확인할 수 있다.

중학교 배정에 관해 더 자세히 알고 싶으면 각 교육지원청의 '중학교 입학 배정업무 시행계획'이라는 파일을 참고하면 된다. 서울인 경우 특차중(학생을 선발하는 학교)에 해당하는 선화예술중학교, 예원학교, 한국삼육중학교, 국립국악중학교, 국립전통예술중학교, 서울체육중학교, 대원국제중학교, 영훈국제중학교 등을 제외하고는 초등학교 6학년 10월 31일 주민등록증 전입 상태에서 1차 배정을 받게 된다. 이는 전산으로 배정되기 때문에 주소지만을 갖고서는 어떤 중학교에 배정되는지 알 수 없다. 강남구와 서초구만 보더라도 40개가 넘는 중학교가 있다. 교육지원청에 문의해도 수많은 중학교 중에 하나가 될 거라고 말한다. 경기권인 경우는 서울보다 더 복잡해서 거주지가 속한 해당 중학군 내 모든 중학교를 지원하고 지망 순위, 근거리 학교 순위, 소속 초등학교 총 재학 기간 순위 등을 고려해서 추첨되기도 한다.

고등학교 배정 역시 추첨에 의한다. 그런데 정식 명칭은 '교육감 선발 후기 일반고 지원'이다. 즉 지원한다고 모든 학생이 일반고에 배정되는 것은 아니다. 이는 선발인 것이다. 학생은 총 5개의 학교를 지원할 수 있다. 중점학급 운영학교 한 곳을 지원할 수 있는데 이는 선택 사항이다. 중점 학교는 과학중점, 교과중점, 예술·체육중점 학교가 있다. 1단계(단일학교군)는 서울시 전 지역에 해당되는데 총 2개 학교를 지원할 수 있다. 이때 자사고, 외고, 국제고 지원자는 선택이 불가하다. 2단계(일반학교군)는 거주하는 지역의 학교를 지원하는 것인데 총 2개 학교를 지원할 수 있다. 만일 강남서초 지역에 사는 여학생이라면 1단계는 숙명여고, 경기여고를 쓰고 2단계도 숙명여고, 경기여고를 쓸 수 있다. 강남서초에서 여학생이 갈 수 있는 과학중점 학교는 반포고인데 지원율이 높은 편은 아니다. 강동송파 지역에 사는 학생이라면 1단계는 강남서초 일반고를 쓰고 2단계는 강동송파 일반고를 쓸 수 있는 것이다.

인기가 있는 일반고는 전통이 있어 학연의 뿌리가 깊고 서울대, 의대 등 입결이 좋은 학교가 대부분이다. 우수한 학생들이 몰려 있기 때문에 내신 관리가 힘든 측면이 있지만 수능 성적이 좋기 때문에 선호하기도 한다. 또한 교사들의 진학 경험이 풍부해서 대입 지도에 뛰어난 실적을 보이기도 한다. 대부분의 학군지 명문 학교들은 학생들의 내신 성적보다 모의고사 성적, 수능 성적이 높아 수시에서 학생부 전형보다는 논술 전형을 지원하고, 수능 성적이 중요한 정시에 비중을 두는 경우가 많다.

학군, 이사를 해도 고민 안 해도 고민

비학군지에 사는 엄마들은 고민이 많다.

'우리 동네에는 아이 수준에 맞는 학원이 없어. 학원 선생님 실력도 영 미덥지 않고……'
'또래 친구들 영향이 한창 중요할 때잖아. 그런데 우리 동네 아이들은 별로 공부에 관심이 없어 보인단 말이지. 아무래도 나쁜 영향을 받지 않

을까?'

'이 동네 엄마들은 왜 자꾸 나더러 뭐 아는 거 없냐고 물어볼까? 도통 교육 정보에 대해 아는 게 없나 봐. 여기 사는 게 도움이 될까?'

'학군지로 이사는 가고 싶은데 집값이 너무 비싸. 돈을 어떻게 마련하지?'

'이사 가면 출퇴근하기 너무 멀어지는데, 직장 다니기는 괜찮을까?'

'안 그래도 유난이라고 주변에서 말이 많은데, 이사까지 가서 아이 성적이 안 나오면 어쩌지?'

학군지에 살고 있는 엄마라고 해서 걱정이 없을까? 그렇지도 않다.

'다들 죽어라 달리고 있는데 우리 아이만 공부를 안 하는 것 같아. 어쩌지?'

'학원에 갔더니 선행이 안 되어 있어서 큰일이라고 하네. 그동안 내가 너무 안일했던 걸까?'

'간신히 학원 입학 테스트 통과했는데 엄마가 챙겨야 할 게 왜 이리 많은 거야? 보충을 위해서 따로 선생님을 구해야 하나?'

'미국에서 살다 왔는데 중학교 영어 시험에서 90점이 안 나오다니! B를 받으면 특목고에 못 가는 거 아니야?'

'초등학교 때는 수학경시대회에서 상도 받았던 아이인데 중학교 내

신은 만만하지가 않네. 과학고는 포기해야 할까?'

'수학, 영어만 죽어라 하면 될 줄 알았더니 국어가 발목을 잡을 줄이야. 학군지 내신은 역시 장난이 아니구나!'

'다시 비학군지로 이사 가야 할까?'

어떤 선택을 해야 후회하지 않을까? 정답은 없다. 학군지의 교육 인프라가 뛰어난 건 사실이지만 준비 없이 무작정 옮겨 왔다가 오히려 낭패를 겪는 경우도 적지 않다. 이사는 온 가족의 생활에 큰 영향을 미치는 만큼 신중하고 또 신중해야 한다. 아이의 공부도 중요하지만 그보다 더 중요한 것은 가족의 행복이다. 반드시 가족들과 충분히 상의를 거친 후에, 여러 상황을 꼼꼼히 따져 보고 현실적으로 최종 결정을 내렸으면 좋겠다. 그러기 위해서는 다음의 몇 가지를 꼭 생각해 보아야 한다.

첫 번째는 경제 상황이다.

학군지는 집값이 비싸다. 매입하든 전월세로 들어가든 주택 자금이 충분해야 한다. 이 부분을 감당할 수 있는지부터 냉정하게 계산해 보자. 집만 해결된다고 문제가 끝난 게 아니다. 영어, 수학 정도만 생각하고 이사를 왔는데 막상 오고 보니 다른 과목 사교육도 추가적으로 필요할 수 있다. 생활비도 만만찮게 드는 데다 문화생활에도 비용을 꽤 지출해야 하는 등 여러 가지로 가정 경제에 압박이 오는 상황이 생길 수도 있다. 이런 문제에 대한 대비가 충분히 되어 있는지 잘 계산해야 한다.

두 번째는 부모의 통근 거리이다.

직장이 학군지 근거리라 직주근접이 실현된다면 더없이 좋겠지만 그런 경우가 많지는 않을 것이다. 부부가 맞벌이를 할 경우 서로의 통근 거리에 대한 배려도 해야 한다. 만약 남편이 직장을 옮기기 힘든 경우라면 주말부부를 각오해야 할 수도 있다. 어떤 경우든 부부가 충분한 대화를 통해 합의에 도달할 수 있도록 하자.

세 번째는 아이의 실력과 기질이다.

아이가 학군지의 치열한 경쟁에서 투지가 불타오를 성격인지, 아니면 극심하게 스트레스를 받을 성격인지, 학군지에서 경쟁할 실력은 갖추었는지, 선행은 충분히 되어 있는지 등등도 고려해야 한다. 새로운 학군지에서 학교를 다니며 적응해야 되는 것은 결국 학생이다. 준비가 되어 있지 않은 아이를 혹은 학군지 경쟁에 적합하지 않은 아이를 억지로 끌어다 놓은들 어떻게 견디겠는가.

인정 욕구가 강한 아이들은 적응이 더 힘들 수도 있다. 나름 자기 지역에서는 실력을 인정받고 똑똑하다 소리를 듣던 아이가 학군지 아이들 틈에 섞여 평범해지거나 오히려 선행 등에서 뒤떨어지는 자신의 모습에 상처받고 자존감도 떨어질 수 있기 때문이다. 학군지 이사는 결국 아이를 위한 선택이 아닌가. 이사가 아이에게 정말 도움이 되는지를 잘 생각해야 한다.

마지막으로 점검해 보아야 할 것은 가치관이다.
비학군지에서 1등을 하던 아이가 학군지에서는 도드라진 성적을 못 낼 수도 있다. 그야말로 용의 꼬리가 될 것인가 뱀의 머리가 될 것인가의 문제다. 어느 쪽을 더 원하는지도 생각해 보자. 또 우리가 최종 목표를 입시로 잡고 있기는 하지만 아이들의 학교생활은 입시 준비만이 전부가 아니다. 그 안에서 형성되는 인맥, 학연, 지연 등도 무시할 수 없다. 무엇보다 학창 시절의 추억이 얼마나 소중한가. 그것들의 무게도 충분히 가늠해 보고 결정하도록 하자.

학군지 이사에도 시기가 있다

충분한 고민 후 이사를 하기로 마음먹었다면 이제 그 시기를 생각해 보자. 아이에게 적당한 시기에 맞춰 이사를 할 수 있다면 좋겠지만 상황이 그렇게 안 될 수도 있으니 나이대별 특징과 신경 써야 할 것들을 미리 알아 두면 좋겠다.

- **유아~초등학교 2학년**

막 사회활동을 시작하는 때라서 낯선 환경에 적응하는 것이 비교적 순조로운 시기이다. 대부분은 새로운 교우 관계도 무난하게 형성된다. 성격이 적극적인 아이들은 새로운 곳에서 자신의 존재감을 보여 주기 위해 임원 선거에 도전하기도 한다. 친한 친구 몇 명만 투표에서 도와주면 당선도 충분히 가능하니 아이가 원한다면 적극 지원해 주도록 하자. 사립초등학교에 다니는 아이들은 집에서 학교가 멀리 떨어져 있을 수도 있기 때문에 같은 학교에 다니는 친구가 동네에 없는 경우도 있다. 하지만 학원을 통해 동네 친구를 사귈 수 있으니 너무 걱정은 하지 않아도 된다.

다만 이 시기에 이사를 온 아이들은 학군지의 영어 레벨에 당황할 수도 있다. 학군지 아이들은 대부분 영어 유치원부터 시작해 초등학교 1학년이면 3~4년 정도의 실력이 쌓여 있다. 그래서 이제 막 영어를 시작하는 아이들은 그 틈에서 같이 공부하기가 쉽지 않다. 학원들도 수준이 안 맞기 때문에 기초가 없는 아이들을 잘 받아 주지 않는다. 그러니 이런 부분을 미리 대비하고 가야 한다. 여학생들의 경우 또래 집단 문화가 일찍 형성되는 편이다. 그래서 늦어도 초2 또는 초3 1학기에는 전학을 가는 것이 좋다.

• **초등학교 3~4학년**

요즘은 이 시기에 사춘기가 시작되는 아이들도 많다. 예민한 시기에 환경이 바뀌는 것은 큰 스트레스일 수 있으니 아이와 충분한 대화를 한 후 진행하도록 하자. 남학생들은 늦어도 4학년 1학기에는 전학하는 것이 좋다. 이 또래의 남자아이들은 운동장에서 축구 한 게임만 해도 금방 친해지곤 한다. 여자아이들보다 그런 면에서는 확실히 수월하다. 학군지에는 전학생들이 많기 때문에 기존 학생들이 배타적인 모습을 보이는 경우가 많지 않다. 그래서 주변 환경에 잘 스며드는 무난한 성격의 아이들은 적응이 수월하다.

인정 욕구가 강한 스타일의 아이들은 처음부터 자신의 존재감을 드러내며 기선을 잡고 싶어 하기도 한다. 그러기 위해서 가장 빠르고 확실한 방법은 임원이 되는 것이다. 하지만 교우 관계도 제대로 형성되기도 전에 너무 나서는 것은 좋지 않은 인상을 줄 수도 있다. 그러니 임원 도전은 2학기를 노리는 게 좋다.

이 시기의 전입생들은 같은 반 친구들의 수학 선행 교재를 보고 주눅이 들 수도 있다. 벌써부터 중학교 수학 문제를 풀고 있는 아이들도 적지 않기 때문이다. 그렇다고 급한 마음에 속성으로 선행을 달리는 것은 위험하다. 자칫 진도는 한참을 나갔는데 기초는 탄탄하지 않은 빈 수레가 될 수도 있기 때문이다. 어차피 목표는 대입이다. 아직 시간 여유가 충분하니 남들 선행을 너무 의식하지 말고 천천히 자기 속도대로 따라갈 수 있도록 하는 것이 좋다.

• 초등학교 5~6학년

아이가 극심한 사춘기를 겪는 중일 수도 있으니 이사에 신중해야 한다. 이 시기에는 중학교 진학을 염두에 두고 전학 오는 아이들이 많기 때문에 전학생들끼리 친해지기도 한다. 중학교 배정을 위해 6학년 10월에 이사를 왔다면 무리하게 전학하는 대신 얼마 남지 않은 초등학교 기간은 기존 학교에서 마무리를 하고 중학교 1학년 1학기에 입학하는 편을 추천한다.

기본적으로 학군지 이사는 아이의 뜻을 충분히 존중해서 이루어져야 한다. 엄마가 강하게 밀고 나가 억지로 전학을 한 아이들은 힘든 일이 생기면 죄다 엄마 탓으로 돌리고 불평을 하기 십상이다. 어렵게 이사를 왔는데 아이가 예전 동네를 그리워하며 다시 이사 가자고 조르기 시작하면 얼마나 난감하겠는가.

그래서 이사를 하기 전에 6개월 정도는 미리 학군지에서 학원을 다녀보며 분위기를 파악해 보는 것이 좋다. 그동안 아이가 스스로 도전 욕구를 느끼고 경쟁심을 가지면서 이 동네에서 학교를 다니고 싶다고 말한다면 성공이다. 본인이 원해서 전학을 오는 아이들은 힘들어도 견딘다.

열심히 하고 성과도 좋다. 이것이 우리가 바라는 최상의 결과지만 만약 아이가 적응을 힘들어한다면 억지로 밀어붙이지는 말자. 학군지 이사가 모든 아이에게 최선은 아니다. 학군지 밖에서도 좋은 성과를 낼 수 있는 방법은 얼마든지 있다.

2부

신선형 선생님의 튼튼 수학 전략

수학

MATHEMATICS

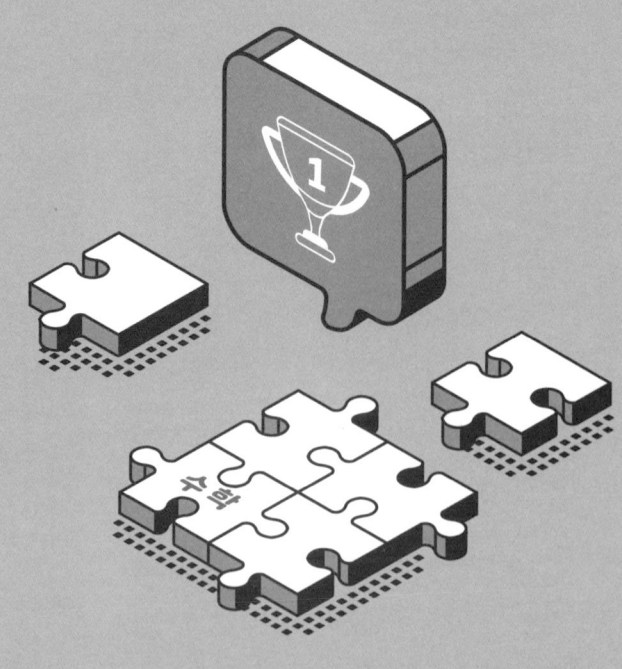

수학 공부, 이렇게 시작하세요

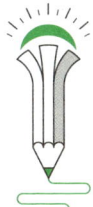

수학, 알고 보면 재밌는 과목

수학이라고 하면 복잡한 계산식부터 떠올리기 쉽지만 사실 수학은 '논리적 사고'를 가르치는 학문입니다. 그래서 모든 학문의 기초라 불리지요. 4차 산업 혁명이 불러온 AI 시대에 들어서는 그 중요성이 더욱 강조되고 있습니다. 왜일까요? 컴퓨터에 데이터를 입력하는 것부터 출력하는 것까지, AI 모델을 만들고 학습시키는 그 모든 과정이 다 수학을 기반으로 하기 때문입니다. 이제 수학적 능력이 필수 경쟁력이 되는 시대인 것입니다. 그럼 수학을 잘하려면 어떻게 해야 할까요? 답은 아주 단순합니다. 논어에서 말하기를 '아는 자는 좋아하는 자만 못하고, 좋아하는 자는 즐거워하는 자만 못하다'고 했지요. 이 오래된 진리는 지금도 유효합니다. 그러니 수학을 잘하고 싶으면 수학을 즐기면 됩니다.

어렵고 골치 아픈 수학을 즐기다니, 그런 일은 수학 머리를 타고난 몇몇 천재만 가능한 일이 아니냐고요? 그렇지 않습니다. 알고 보면 수학은 정말 재밌고 흥미진진한 과목이거든요. 수학은 인류의 역사와 함께 시작되어 함께 발전해 왔습니다. 당연히 우리 생활 곳곳에 스며들어 있겠지요. 그건 조금만 생각해 봐도 알 수 있습니다. 편의점에서 물건값을 계산하는 것도 수학이고, 피자를 8조각으로 나누는 것도 수학이고, 60분이 모여 한 시간이 되는 것도 수학이지요. 세상 속에 퍼져 있는 수학의 원리를 발견하고, 그 원리를 도출하는 과정을 통해 논리적 사고를 기르는 과정이 바로 수학입니다. 그러니 수학이 얼마나 흥미진진하고 즐거운 학문인가요. 수학자 파스칼은 지독한 치통에 시달릴 때 '사이클로이드(직선 위로 원을 굴렸을 때 원 위의 정점이 그리는 곡선)'를 생각하며 견뎠다고 합니다. 그러면 통증을 잊을 수 있었다고요. 조금 극단적인 예이기는 하지만 수학은 그만큼 몰입의 즐거움이 있는 과목입니다.

하지만 안타깝게도 많은 학생들이 치열한 입시 경쟁 속에서 수학의 원리를 이해하는 대신 공식을 암기하고 반복적인 문제 풀이에만 매달리는 동안 수학의 즐거움을 잃어버리지요. 실제로 OECD에서 3년마다 실시하는 국제 학업 성취도 평가(PISA)의 결과를 보면 우리나라 학생들은 수학 성적은 상위권이지만 흥미도는 상대적으로 낮은 편이에요. 이런 문제를 개선하고자 수학 교육의 방향도 많이 바뀌고 있습니다. 수학에 대한 흥미를 불러일으키기 위해 애쓰고, 원리의 이해를 중시하며, 수학적 사고력을 기를 수 있도록 노력하고 있지요. 그러니 학부모님들도 잘 기억하셔야 합니다. 바람직한 수학 공부의 시작은 수학을 좋아하는 것부터라는 사실을 말이에요. 그럼 어떻게 하면 우리 아이들이 수학을 좋아하게 만들 수 있을까요? 세 가지 방법을 추천하려고 합니다.

수학이 좋아지는 비법

• 비법 하나, 칭찬하기

칭찬은 고래도 춤추게 한다고 합니다. 아이가 수학 공부하는 모습을 지켜보면서 그때그때 칭찬으로 격려해 주세요. 칭찬으로 인한 좋은 기억은 수학에 대한 호감도를 높이고 자신감을 키워 줍니다. 하지만 두루뭉술하게 그저 잘했다고 하는 포괄적인 칭찬은 효과가 크지 않습니다. 형식적인 표현으로 받아들이기 쉬우니까요. 칭찬은 세부적인 내용을 언급하며 디테일하게 하는 것이 좋습니다. 아이가 수학 공부하는 모습을 유심히 지켜보고 있다가 문제의 정답을 맞히면 그 문항의 성격을 잘 파악하여 그에 맞는 칭찬을 하는 것이지요. 예를 들어 볼까요? 이제 막 숫자를 익힌 아이에게는 이런 칭찬을 할 수 있겠습니다.

"어머, 숫자를 정말 또박또박 잘 쓰네!"

문제를 일반적인 방식이 아닌 색다른 방식으로 풀었다면 당연히 칭찬받아야겠지요?

"와, 이 문제를 이렇게도 풀 수 있는 거였구나. 대단한데!"

이런 칭찬을 받으면 아이는 자신이 뭔가 특별한 것을 해낸 것 같은 뿌듯함을 느낄 것입니다. 특정 영역에 더욱 자신감을 갖도록 격려하고 싶을 때는 그 부분을 콕 짚어 주는 칭찬을 해 보세요.

"도형을 이렇게 잘하는 줄 몰랐네? 도형 감각이 뛰어난가 보다."

때로는 아이가 풀 죽지 않도록 선의의 거짓이 담긴 칭찬도 필요합니다.

"너도 엄마 아빠를 닮아 수학을 잘하는 것 같아. 아니, 엄마 아빠 어릴 때보다 훨씬 잘하는걸!"

한 문제에 발목이 잡혀 다른 문제로 넘어가지 못하고 있을 때도 칭찬으로 힘을 주세요.

"어려운 문제도 포기하지 않고 열심히 풀고 있네? 우리 ○○는 문제를 해결하려는 의지가 강하구나!"

칭찬에도 연습이 필요합니다. 마음을 말로 표현하는 게 생각처럼 쉬운 일은 아니니까요. 특히 수학처럼 평소 자연스럽게 대화를 나누던 주제가 아닌 일에 대해서는 더 그렇습니다. 하지만 어색하다고 망설이지 말고 꾸준히, 진심을 담아 시도해 보세요. 엄마의 칭찬이 자연스러워질

수록 분명 아이에게도 긍정적인 변화가 있을 거예요.

• 비법 둘, 좋은 선생님 찾기

'좋은 선생님'은 단순히 수학을 잘 가르치는 선생님을 뜻하는 것이 아니라 아이가 존경할 수 있는, 즉 '좋아하는' 선생님이라는 의미도 포함됩니다. 좋아하는 사람에게는 잘 보이고 싶고 인정받고 싶은 것이 사람의 마음이지요. 아이들은 그런 욕구가 더욱 선명하고 투명합니다. 그래서 좋은 선생님을 만나 열심히 공부하고 칭찬받다 보면 저절로 수학을 좋아하게 됩니다.

그렇다면 어떤 선생님이 좋은 선생님일까요? 먼저 생각해야 할 것은 아이에게 필요한 선생님은 수학을 '잘하는' 선생님이 아니라 '잘 가르치는' 선생님이라는 사실입니다. 아이들은 일방적으로 학습 내용만 전달해 주는 선생님보다는 동반자적인 입장에서 함께 문제를 풀어 주는 선생님, 학생의 감동을 유도할 줄 아는 선생님을 더 좋아합니다. 대체로 자신의 부족한 면을 부정적으로 보고 그것을 고쳐 주려는 선생님보다는 자신의 긍정적인 면을 더 크게 보고 응원해 주는 선생님에게 더 마음을 여는 편이고요.

다른 아이에게 좋은 선생님이라고 무조건 우리 아이에게도 좋은 선생님은 아닙니다. 선생님과 학생 사이에도 이른바 '궁합'이 존재하거든요. 성실한 성품의 학생, 아직 잠재력이 깨어나지 않은 학생들은 대체로 꼼꼼한 관리형의 선생님을 만났을 때 좋은 성과를 내지요. 수학적인 잠재력은 충분하나 성실성이 조금 떨어지는 학생들의 경우 선생님의 영향을 더 크게 받습니다. 보통 수업에 집중하는 강사형 선생님들과 잘 맞는 편이지요. 아이에게 잘 맞는 좋은 선생님을 만났다면 적어도 1년은 함께 공부해야 합니다. 그래야 제대로 성과를 볼 수 있으니까요. 물론 1년 이상 함께할 수 있다면 더 좋겠지요.

• 비법 셋, 쉬운 문제로 시작하여 자신감 키우기

자신보다 약한 상대와 붙어 이겨 본 경험이 있는 동물들은 자신보다 더 강한 상대를 만나도 싸워 이기는 경우가 종종 있습니다. 이전에 이겨 본 경험이 자신감을 상승시켜 만들어 내는 결과지요. 이를 '승자 효과'라고 합니다. 사람도 같습니다. 어떤 일에서 작은 성공이라도 맛보고 나면 뇌에서 행복 호르몬이라고 불리는 도파민이 분비되어 즐거운 기억을 갖게 됩니다. 이를 우리는 '성취감'이라고 하지요. 그래서 비슷한 자극을 접하게 되면 다시 그 즐거움을 맛보고 싶은 열정이 생겨나게 되는 것입니다.

수학 공부를 할 때도 마찬가지입니다. 처음부터 너무 어려운 문제들을 만나 고전하다 보면 수학에 대한 자신감을 잃을 수밖에 없겠지요. 점점 수학이 부담스러워지고 결국 거부하게 되기 쉽습니다. 그래서 처음 수학 공부를 시작할 때는 비교적 쉬운 문제들로 먼저 자신감을 키우는 것이 좋습니다. 쉬운 교재를 통해 성공을 맛보고 자신감이 쌓이면 나중에 어려운 문제를 만났을 때도 피하거나 두려워하는 대신 도전해서 해내고 싶은 의욕을 보이게 됩니다. 성공이 성공을 낳는다는 말은 수학에서도 예외가 아니랍니다.

그렇다고 매일 쉬운 문제만 풀게 할 수는 없지요. 그럼 언제 이 방법을 쓰는 것이 좋을까요? 한 단원의 학습이 끝났을 때입니다. 확인 테스트를 할 때 정규 학습에서 다뤘던 것보다 살짝 낮은 난이도의 문제를 풀게 하는 것이지요. 단원 종합 문제를 활용해도 좋습니다. 선행학습을 하고 있다면 해당 학년의 교과서 문제도 적당합니다. 단, 이때 아이에게 자신이 푼 문제가 쉬운 난이도였다는 것을 알려 주지 마세요. 그래야 성취감이 더 높아지니까요.

이런 비법 외에 아이의 주변을 수학에 대한 흥미를 유발하는 환경으로 꾸며 주는 것도 도움이 됩니다. 다음과 같은 방법들을 활용해 보는 건 어떨까요?

수학에 대한 흥미를 불러일으키는 환경 만들기

• 아이를 위한 수학 칠판

아이에게 자신만의 수학 칠판을 만들어 주세요. 한 단원이 끝나면 중요한 개념들을 아이가 직접 칠판에 정리해 보는 것이지요. 마치 선생님이 된 것 같은 기분을 느낄 수 있어서 아이들이 좋아합니다. 어려운 문제를 만나면 칠판에 적어 놓고 계속 보면서 풀 때까지 도전할 수도 있지요. 마침내 그 문제를 해결하고 칠판에서 지울 때 얼마나 뿌듯할까요. 다양한 색상의 필기 용품을 준비해서 꾸미는 재미도 느끼도록 해 주세요.

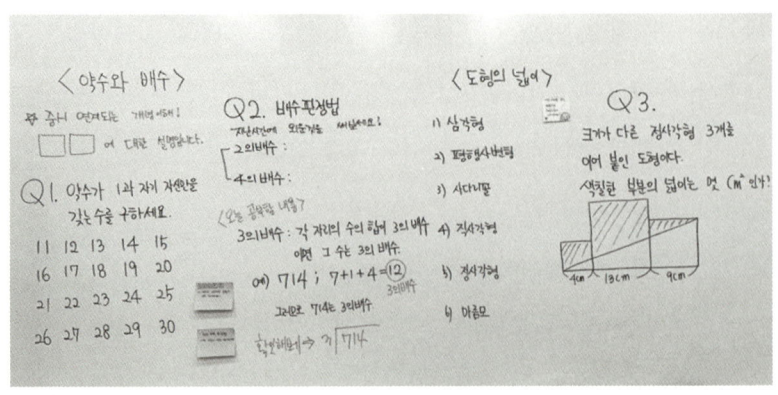

아이가 쓴 수학 칠판

• 매일 한 문제, 수학 일기

매일 수학 문제 하나를 정해서 일기를 쓰듯 기록해 보는 방법입니다. 순수하게 수학에 대한 흥미를 불러일으키고 또 유지시키는 것이 목적이므로 엄마가 개입하여 강요하거나 재촉하는 것은 좋지 않습니다. 아이 스스로 문제를 선택하게 하세요. 대신 어떤 문제를 선택하면 좋을지에 대한 선택 기준은 알려 주시는 것이 좋겠지요. 다음과 같은 문제들을 추천해 보세요.

- 오늘 풀었던 문제 중 가장 이해가 안 되는 문제
- 가장 잘 풀었다고 생각하는 문제
- 풀이가 효율적이지 못했다고 생각하는 문제
- 문제의 문장이 너무 길어서 이해하기 어려웠던 문제

• 지도에 수학자 표시해 보기

지도에서 유명 수학자들이 태어난 곳을 찾아 거기에 그들의 이름을 적거나 사진을 붙여 보는 것도 색다른 재미가 있습니다. 한 명씩 붙일 때마다 그들의 생애나 업적에 대해 알아보고 관련된 수학 공식이나 이론을 정리해 보는 것이지요. 이렇게 나만의 수학 지도를 만들어 가는 동안 자연스럽게 수학의 주요 공식과 이론의 탄생 배경 등을 알게 될 테니 수학이 훨씬 친숙하게 느껴지지 않을까요?

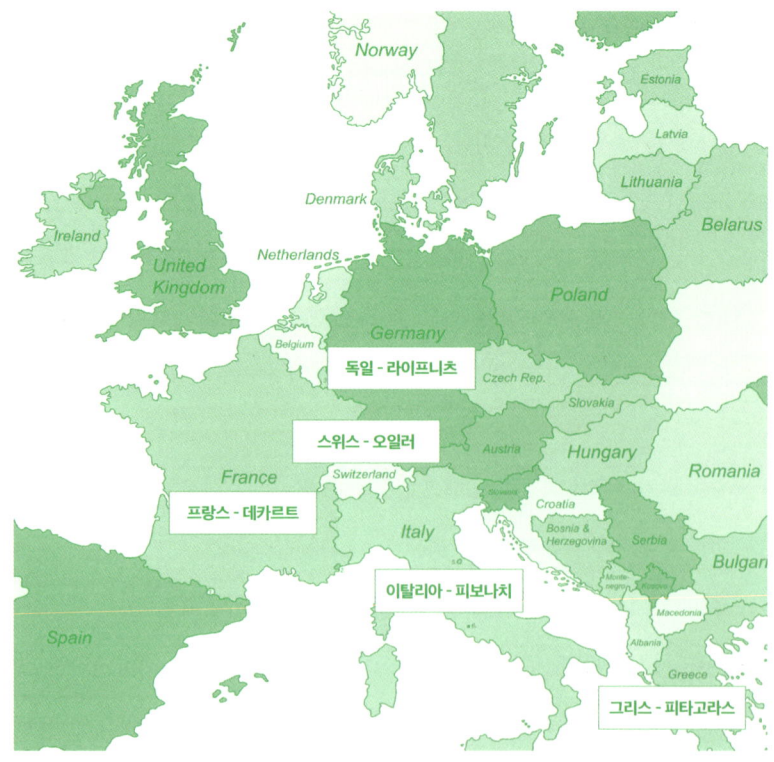

수학자의 출생지를 표시한 지도 예시

개념을 잡아야 수학을 잡는다

개념 학습, 왜 중요할까요?

수학은 정해진 약속을 바탕으로 하는 학문입니다. 예를 들어 수학에서는 '두 변의 길이가 같은 삼각형'을 '이등변삼각형'이라고 부르기로 약속했지요. 이렇게 수학 용어나 기호에 대하여 그 의미를 규정한 약속을 '정의'라고 합니다. 어떤 것에 대한 정의가 정해지면 그 대상에 대한 개념이 생기겠지요. '개념'은 어떤 사물이나 현상에 대한 일반적인 지식이니까요. 즉 대상에 대한 개념이 잘 잡혀 있다는 것은 그 정의를 잘 이해하고 있다는 뜻입니다.

수학에서 '문제를 푼다'는 것은 개념에 대한 이해와 주어진 조건을 바탕으로 문제를 독해한 후 그에 맞는 답을 찾아 문제를 해결하는 걸 의미합니다. 다시 말해 수학의 다양한 정의에 대한 개념이 올바로 잡혀 있지 않으면 문제를 독해하는 과정부터 오류가 생긴다는 뜻이지요. 수학은 복잡한 문제도 많지만 반대로 아주 간단히 표현되는 문제도 많습니다. 어떤 문제는 정의 하나가 힌트의 전부일 수 있다는 것입니다. 하나를 놓치면 그 문제는 전부를 놓치는 것이나 마찬가지겠지요.

그런데 의외로 소홀하기 쉬운 것이 개념 학습입니다. 개념은 대충 이해하고 넘어가고 공식을 달달 외는 것에만 치중하는 경우가 많기 때문이지요. 때로는 공식 외는 것을 개념 공부라고 착각하기도 하고요. 공식은 어떤 문제의 해답을 쉽게 구할 수 있도록 정리한 규칙이나 원리입니다. 개념의 이해를 통해 공식을 이끌어 낸 과정은 잊어버리고 공식만 기억하고 있으면 여러 개념들을 활용해 직접 식을 세워야 하는 복잡한 문제나 기존의 공식들을 새롭게 활용해야 하는 문제 등을 만났을 때 대처하기가 어렵겠지요. 단순 암기한 공식들은 잊어버리거나 헷갈릴 때 다시 기억해 내기도 힘들고요.

개념 학습을 튼튼히 하는 것은 적재적소에 유용하게 사용할 수 있는 도구를 손에 쥐는 것과 같습니다. 도구는 자주 써야 손에 익지요. 개념 학습도 마찬가지입니다. 한번 이해했다고 끝내지 말고 수시로 여러 정의들의 개념을 되새겨 보면서 기초를 단단히 다져야 합니다. 그래야 필요한 순간에 재빨리 떠올려서 요긴하게 써먹을 수 있지요.

개념 학습, 어떻게 할까요?

개념 학습에는 지름길이 없습니다. 꾸준한 점검과 반복 학습만이 답이지요. 다음과 같은 방법들을 성실하게 실천해 개념을 확실히 잡고 또 확장해 나갈 수 있도록 도와주세요.

• 물어보고 또 물어보고! 엄마와 함께하는 '뭐야?' 시리즈

아이가 수학 문제를 풀 때 그 문제와 관련된 개념들을 수시로 물어보세요. 대답을 하면서 머릿속에 있던 내용을 자신의 말로 설명하는 과정을 거치면 이미 알고 있던 내용도 더 확실하게 이해할 수 있고 기억도 오래갑니다. 물론 이해가 부족한 부분을 그때그때 개선할 수도 있고요.

"삼각형에 관한 문제네? 그런데 삼각형이 뭐야?"
"이등변삼각형? 이등변삼각형이 뭐야?"
"외심 문제 푸는구나. 외심이 무슨 뜻이더라?"
"내심은 뭐야?"

"자, 여기서 질문! 무게중심은 무슨 뜻일까?"
"수직이등분선은?"

한 단원의 학습이 끝나면 그 단원과 관련된 개념들을 모아서 종합적으로 묻고 답하는 시간을 가지며 마무리하는 것이 좋습니다. 도형 관련 단원을 끝냈다고 생각해 볼까요? 그럼 아이와 다음과 같이 이야기할 수 있겠지요.

"자, 그럼 지금부터 질문! 삼각형은 어떤 도형이지?"
"3개의 점을 선분으로 연결해서 이루어지는 도형!"
"더 설명할 수 있는 말은 없을까?"
"이때 세 점은 한 평면에는 있지만 같은 직선 위에는 없어야 해!"
"우아, 정답! 완벽한데?"

수학은 위계가 있는 과목입니다. 이미 배운 개념을 바탕으로 새로운 개념을 배우는 계단식 학습이 특징이지요. 그래서 기존의 개념이 바탕이 되지 않으면 새로운 개념을 이해하기 어렵고, 한번 진도를 놓치기 시작하면 공부해야 할 것들이 계속 쌓여 결국에는 '수포자'가 되기 쉬운 것입니다. 그러니 새 개념이 나오면 이런 반복 학습을 통해 처음부터 확실하게 익히고 넘어가도록 해야 합니다.

• **단원이 끝날 때마다 개념 노트 정리하기**

개념 노트를 만들어 한 단원의 학습이 끝날 때마다 아이 스스로 그 단원에서 공부한 모든 정의를 정리해 보도록 합니다. 이때 중요한 것은 교재를 보지 않은 채로 스스로의 기억에 의지해야 한다는 것입니다. 정 기억이 안 난다면 잠깐 교재를 펼쳐서 확인하고 다시 덮을 수도 있겠지요. 하지만 그 횟수를 점점 줄여 나가려고 노력해야 합니다.

수학에서 사용하는 용어나 정의들은 대부분 한자어로 이루어져 있지요. 그 한자들의 뜻을 알아야 용어나 정의를 정확하게 파악하고 개념을 더욱 깊이 있게 이해할 수 있습니다. 무엇(용어)을 배우는지 똑바로 알

노트 예시

삼각형 (三 석 삼　角 뿔 각　形 모양 형)
: 한 평면상에 있고, 일직선상에는 없는 3개의 점을 선분으로 연결하여 이루어지는 도형

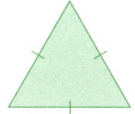 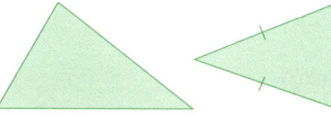 

이등변삼각형 (二 두 이　等 무리 등　邊 가 변　三 석 삼　角 뿔 각　形 모양 형)
: 두 변의 길이가 같은 삼각형

아야 어떻게(식) 풀어 나갈지 생각할 수 있고요. 그러니 개념 공부를 할 때는 해당 단어의 한자어도 함께 알아 두는 것이 좋습니다. 특히 용어의 뜻이 헷갈리거나 애매하다 싶은 것들은 반드시 한자어를 분석해 그 의미를 확실하게 익혀 두어야 합니다.

• 개념에서 개념으로 이어지는 흐름을 따라가기

개념 학습에서 가장 중요한 포인트는 'why'입니다. 짧은 개념도 항상 왜 이런 성질이 나오게 되었을까 계속 생각하고 자신만의 방식으로 정리해야 온전한 자기 것이 되지요. 특히 여러 개념들을 통해 새로운 개념에 도달하는 경우 결과만 기억하지 말고 그 흐름을 마치 꼬리에 꼬리를 무는 하나의 이야기처럼 함께 기억해야 합니다.

예를 들어 삼각형의 외심은 외접원의 중심이지요. 하지만 '삼각형의 외심=외접원의 중심' 이렇게만 외우고 넘어가면 깊이 있는 학습이 되지 않습니다. 이 개념이 왜 나오게 되었는지를 생각해 보라는 것입니다. 우선 원부터 생각해 볼까요? 평면에서 한 직선 위에 있지 않은 세 점을 모두 지나는 원은 단 하나만 존재합니다. 그러므로 삼각형의 세 꼭짓점을 모두 지나는 원, 즉 외접원 역시 단 하나만 존재하지요. 이 외접원의 중심이 바로 외심입니다. 그렇다면 외심은 어떤 성질을 가지고 있을까요? 이런 식으로 이야기를 연결해 가는 것입니다.

· **나만의 단원별 수학 스토리 만들기**

한 단원에 대한 전반적인 이해가 끝나면 내용을 세분화해서 수학 스토리를 구성해 보는 것도 그 단원의 학습 내용을 자신의 것으로 소화하는 데 큰 도움이 됩니다. 대단원 제목의 뜻을 다시 확인하고 소단원들이 왜 그렇게 나누어졌는지를 생각해 본 다음 그 단원의 구조를 시각적으로 정리해 보는 것이지요.

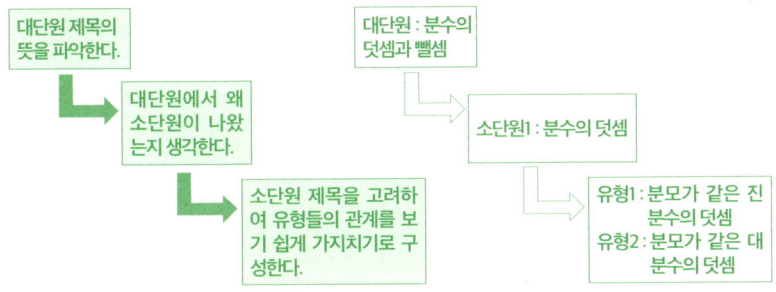

· **수학 도서 읽기**

요즘 수학은 대체로 문제의 길이가 길 뿐만 아니라 풀이 과정을 써야 하는 서술형 평가의 비중이 높습니다. 이런 유형의 문제들에 잘 대처하기 위해서는 수학적인 계산 능력도 중요하지만 이해력과 논리력, 표현력도 필요합니다. 그래서 풍부한 독서를 통해 이런 능력을 기르는 것이 중요하지요. 특히 실생활에 수학적 사고를 끌어낼 수 있도록 구성된 책들은 수학의 개념이나 원리를 재미있게 익히는 데 큰 도움이 됩니다. 이런 책들을 고를 때는 두 가지를 고려하세요. 첫째는 '흥미'입니다. 일단 재미가 있어야 아이들이 읽겠지요. 그렇다고 재미만 있으면 안 됩니다. 수학의 개념과 원리를 얼마나 잘 전달하고 있는지 '내용'도 잘 살펴서 선택하세요.

자기주도학습으로 자신감과 흥미를

　수학은 정확한 개념을 토대로 학생 스스로 다양한 방법과 과정을 선택해 답을 찾아내는 과정입니다. 암기식 문제 대신 서술형, 논술형 문제의 비중이 높아진 요즘은 그 과정이 예전처럼 단순하지 않지요. 상당한 수준의 창의력과 논리력이 요구되니까요. 이런 상황에 잘 대처할 수 있도록 내실 있게 수학 실력을 키우기 위해서는 학교 수업에 충실하고 필요에 따라서는 학원 등 외부의 도움을 받아야 합니다. 하지만 그중에서도 제일 중요한 것은 학생이 학습 참여부터 목표 설정, 교육 프로그램의 선정과 스스로에 대한 평가까지 자발적으로 실천하는 자기주도학습입니다. 외부의 도움으로 실력을 향상시키는 데는 한계가 있으니까요. 더구나 창의력과 논리력은 스스로 생각하는 힘이 절대적으로 필요한 영역이고요. 가장 중요한 것은 자기 스스로 공부를 끌어 갈 수 있어야 자신감이 생기고 또 흥미도 잃지 않는다는 사실입니다.

다른 과목들도 물론 자기주도학습이 중요합니다. 하지만 그중에서도 수학은 자기주도학습이 성적을 좌우한다고 할 수 있습니다. 그런데 수학에 자신이 있고 흥미가 있어서 스스로 자기주도학습을 시작하는 아이들이 얼마나 될까요. 계획을 세우는 일에 능숙한 아이들도 드물 것입니다. 그래서 자기주도학습을 시작할 때는 학부모의 역할이 중요합니다. 아이에게 기본적인 방법을 알려 주고 꾸준히 실천하도록 격려하며 점점 스스로의 힘으로 해 나갈 수 있도록 이끌어 주어야지요. 그 과정에서 아이는 자기만의 노하우가 생기고 자신에게 맞는 학습법을 발견하게 될 것입니다. 그럼 아이와 함께 자기주도학습을 시작해 볼까요?

학생을 위한 자기주도학습 가이드

자기주도학습을 처음 시작할 때는 다음과 같은 4단계 과정을 추천합니다.

① 주간 계획

먼저 일주일 동안 교과, 연산, 사고력 학습을 어떻게 나누어서 공부할 것인지 정합니다. 그런 다음에는 목표로 정한 학습량을 하루 단위로 쪼개어 매일 정해진 자기주도학습 시간 안에 해결할 수 있도록 계획을 세웁니다.

② 일일 실천

정해진 일일 상세 계획을 매일 실천합니다. 학습 일정을 진행하면서 실제로 시간이 얼마나 걸리는지도 파악하세요. 계획했던 학습 시간과 실제 학습 시간이 얼마나 차이 나는지 파악하여 다음 학습 계획을 세울 때는 그 차이를 줄일 수 있도록 하기 위해서입니다.

③ 일일 평가

일일 계획을 실천한 뒤 실천 비율을 기록합니다. 매일 계획한 양의 학습을 다 할 수 있으면 좋겠지만 분명 사정이 있는 날도 있겠지요. 예를 들어 교과 선행 공부가 부족했다면 그 양을 대략적으로 계산해 '교과 선행 70% 완성' 식으로 써 두는 것입니다. 이렇게 하면 나중에 보완해야 할 부분을 한눈에 파악할 수 있습니다.

일일 학습의 결과도 점수로 기록해 두어야 합니다. 이 점수의 변화 추세는 학습 발전이 올바르게 이루어지고 있는지를 판단할 수 있는 지표가 되니까요.

④ 주간/월간 전체 점검

매일 기록해 두었던 지표들을 모아 어느 부분이 취약한지, 학습이 부족한 때가 언제였는지 등을 파악합니다. 이를 바탕으로 자신의 학습 습관과 개선해야 할 점을 고려하여 다음 학습 계획은 보다 현실적으로 세우는 것이지요. 계획이 처음의 생각과 어긋난 부분이 많다면 전체적인 큰 그림부터 다시 그리고 그 그림을 작은 그림으로 쪼개어 단계를 조정하는 것이 낫습니다.

학부모를 위한 자기주도학습 가이드

아이의 4단계 자기주도학습 과정에 맞추어 다음과 같은 방법으로 서포트해 주시면 좋겠습니다.

자기주도학습은 아이가 자신의 생각과 의지로 진행해야 의미가 있습

니다. 하지만 그것이 모든 과정을 아이 혼자서 해야 한다는 뜻은 아닙니다. 처음 시작할 때는 적절한 지침도 필요하고, 진행하는 동안 부모의 적절한 지원도 중요하지요. 다음 세 가지를 참고하여 아이가 올바른 방법으로 자기주도학습을 시작할 수 있도록 도와주세요.

첫째, 학습 계획 양식을 만들어 주고 아이가 직접 계획을 세워 볼 수 있는 기회를 주세요. 처음에는 되도록 간단하게 세우는 것이 좋습니다. 우선은 계획을 세우고 그것을 이행하는 습관을 들이는 데 중점을 두는 것이지요. 이때 욕심내어 무리한 학습량을 강요하지 않도록 주의하세요. 아이가 부담을 느끼고 제대로 학습 습관을 들이기도 전에 흥미를 잃으면 안 되니까요.

MON	TUE	WED	THU	FRI	SAT	SUN
학교	학교	학교	학교	학교	수학학원	과학학원
학교	학교	학교	학교	학교	수학복습	과학복습
영어학원	수학숙제 과학숙제	영어학원	수학학원	영어학원	영어숙제	수학숙제
영어학원 숙제	화상영어	화상영어	수학복습	화상영어	자기주도!	
	자기주도!	자기주도!	화상영어	자기주도!		

아이가 쓴 학습 계획

둘째, 학습 상세 계획표를 만들게 하세요. 전체적인 학습 계획을 짰으면 구체적인 실천 내용이 담긴 상세 계획표도 따로 만들어야 합니다. 일상의 모든 일을 크게 분류하여 일간 계획에 적었다면, 각 분류에 해당하는 상세 계획은 다른 종이에 따로 적게 하는 것이지요.

		월	화	수	목	금	토	일
교과 현행	계획		점프왕 수학- 분수와 소수				점프왕 수학- 분수와 소수	
	학습 시간		2시간				2시간	
	정답률		82%				90%	
	오답 노트		완성				완성	
	완료 여부		100%				80%	
교과 선행 학원 진도	계획							
	학습 시간							
	정답률							
	오답 노트							
	완료 여부							
사고력	계획			1031 입문 A		1031 입문 A		
	학습 시간			1시간		30분		
	정답률			90%		80%		
	완료 여부			48~55쪽		58~64쪽		
연산	계획	사고셈	사고셈	사고셈	사고셈	사고셈		
	학습 시간	20분	18분	23분	17분	16분		
	완료 여부	5장	5장	5장	5장	5장		

학습 상세 계획표 예시(초등학교 3학년)

셋째, 상세 계획표에서 각 항목의 비율을 정할 때 도움을 주세요. 학습 계획을 세울 때에는 이루고자 하는 목표가 있을 것입니다. 그 목표를 이루기 위해서는 어떤 공부에 얼마나 비중을 둘 것인지 구체적으로 정해야 합니다. 그 비율을 아이와 함께 의논해 주세요. 예를 들어 시험에서 목표로 하는 점수 혹은 등수가 있다면 그것을 기준으로 어떤 단원을 얼마나 공부할 것인지 함께 정하는 것이지요.

열심히 계획을 세워도 막상 실천하다 보면 어긋나는 부분이 생기기 마련입니다. 이럴 때는 실수를 지적하는 대신 스스로 계획을 개선하는 모습을 칭찬하고 격려해 주세요. 이때 반드시 지켜야 할 것은 절대 다른 아이와 비교하지 말아야 한다는 것입니다. 아이를 키울 때 가장 조심해야 할 것이 '비교'라는 것은 잘 알고 계시겠지요. 특히 자기주도학습을 할 때는 더욱 그렇습니다. 누군가와 비교한다는 것은 곧 타인이 기준이 된다는 뜻이니까요. 자기주도학습의 기준은 항상 아이 자신이어야 한다는 것을 기억해 주세요.

• 엄마의 코칭 노트
따로 노트를 만들어 주기적으로 아이의 학습 과정을 관찰하며 느낀 점이나 진도 계획, 세부 목표 등을 기록해 두면 아이에게 필요한 것들을 파악하기가 훨씬 수월합니다.

 **노트 예시**

진도 및 목표 계획

현 과정	3~6월	7~8월	9~12월	1~2월
초4	초6-1 실력 초6-2 기본+응용	초6-2 실력	중1-1 기본+응용	중1-1 실력
추천 과정 및 세부 목표	초4-1 심화	초6-1 전 범위 테스트	초4-2 심화 초6-2 전 범위 테스트	중1-1 응용 단계 틀린 문제 다시 한번 풀기

현재 진도 : 초6-2 기본
기록 노트 : 학기말 평가

- 문제를 머리 안에서만 풀어내려고 하는 것 같다.
  → 공식이나 풀이 과정을 적는 게 왜 중요한지 알려 주는 게 좋겠다.

- 요즘 읽는 책이나 취미를 보니 과학 분야에 관심이 많은 것 같다.
  → 이과 성향이 조금 더 강한 것 같다.
  → 이과에 어떤 분야들이 있는지 함께 이야기하면 진로 선택에 도움이 되겠지?

- 연산 실수가 잦다.
  → 연산 연습용 교재를 찾아서 다음 자기주도학습 계획 세울 때 포함시켜야겠다.

스포츠를 보면 경기를 직접 뛰는 선수들의 실력만큼이나 중요하게 평가되는 것이 감독의 능력입니다. 같은 팀, 같은 선수라도 감독이 어떻게 경기를 운용하고 선수를 코치하느냐에 따라 경기력이 확연하게 달라지기도 하니까요. 자기주도학습도 마찬가지입니다. 직접 공부를 하는 아이의 능력과 의지도 중요하지만 그것을 뒷받침하고 이끄는 엄마의 노력이 큰 역할을 하지요. 특히 아직 공부 습관이 제대로 잡혀 있지 않은 초등 시기에는 그 영향력이 더욱더 중요하고요. 그러니 감독이 선수들을 잘 이끌었을 때 기대 이상의 성적을 내듯 자기주도학습도 엄마가 아이를 잘 이끌어야 좋은 결과를 얻을 수 있다는 것을 꼭 기억하면 좋겠습니다.

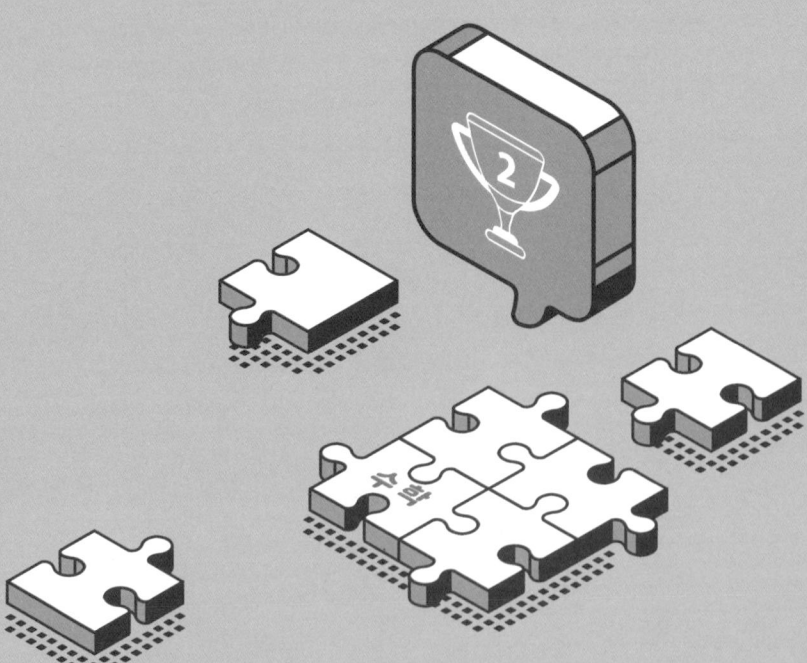

엄 마 표
수 학 만 점
로 드 맵

학원 테스트보다 강한 엄마표 홈 테스트

테스트를 통해 아이의 수학 실력을 확인하고 관리하는 건 반드시 학원을 다녀야 가능할까요? 그렇지 않습니다. 방법만 알면 엄마표 홈 테스트로도 얼마든지 할 수 있습니다. 오히려 완벽한 우리 아이 맞춤형 테스트를 통해 훨씬 더 나은 효과를 거둘 수도 있지요. 다음 두 가지 유형의 테스트를 활용해 보세요.

문제형 테스트

수학은 보통 한 파트를 기본, 응용, 심화 세 단계로 나누어 학습을 진행합니다. 문제를 이용해 테스트를 진행할 때는 아이가 현재 학습하고 있는 수준과 비슷한 단계의 다른 교재를 선택해 적당한 파트의 문제를 이용하면 됩니다. 이때 문항의 수는 20~25개, 시험 시간은 40~50분 정도가 적당합니다. 채점 후 정답률에 따라 추가 학습 여부를 결정하거나 학습 단계를 조정하세요.

• 단계별 테스트 & 종합 홈 테스트

진행 순서
1) 한 단원이 끝나면 테스트를 실시한다. 2) 정·오답의 개수를 체크한다. 3) 문제 푸는 데 걸린 시간을 체크한다. 4) 아이 스스로 오답의 이유를 생각해서 노트에 적어 보게 한다.

테스트 예시			
학습 단계	진도 교재	테스트 교재	테스트 교재 스텝
기본	쎈 수학 (좋은책신사고)	초등수학 응용 (디딤돌)	기출 단원 평가
응용	최상위 수학S (디딤돌)	최고수준 (천재교육)	마스터 심화
심화	최상위 수학 (디딤돌)	큐브수학 심화 (동아출판)	최상위 도전하기

정답률에 따른 추가 학습 방법	
정답률 50% 미만	개념 학습부터 다시 하거나 하위 단계로
정답률 50~70%	실력을 강화시키는 문제 추가 학습
정답률 70% 이상	상위 단계로

하나의 과정에 대한 기본, 응용, 심화의 단계별 테스트가 끝났다면 이제

종합 홈 테스트를 할 차례입니다. 이를 위해서 단계별 테스트에서 문제 해결력이 충분치 않았다고 생각되는 부분들을 체크하여 어떤 유형의 문제였는지를 미리 기록해 둡니다. 아이가 풀었던 문제집들도 버리지 말고 학기별로 분류해 모아 두세요. 빠른 평가를 위해 테스트용 문제를 추릴 때 답안지도 함께 정리해 두는 것이 좋습니다.

종합 홈 테스트 문제를 만들 때는 각 단원별로 그 단원의 핵심 개념이 잘 담겨 있는 문제들을 골라 4개씩 추립니다. 이때 난이도의 비율은 기본 1문제, 응용 2문제, 심화 1문제 정도로 하여 고루 섞습니다. 아이가 어려워한 문제나 실수가 많았던 유형을 많이 출제할수록 시험의 난이도는 높아지겠지만 실력 향상에는 그만큼 도움이 되겠지요. 여기서의 핵심 포인트는 문제를 단원 순서대로 내는 것이 아니라 무작위로 섞는 것입니다. 그래야 어느 단원과 관련된 문제인지, 어떤 개념을 이용해야 하는지를 아이 스스로 판단할 수 있으니까요.

홈 테스트를 할 때는 다음과 같은 점을 주의해야 합니다. 우선 정해진 시험 시간을 정확하게 지켜 주세요. 아이가 시간이 모자란다고 해도 흔들리면 안 됩니다. 그래야 주어진 시간 안에 문제를 풀어야 한다는 인식이 자리를 잡고 그러기 위해 노력하겠지요. 테스트의 결과는 파일이나 서류로 잘 정리하여 기록해 두세요. 이 자료들을 통해 아이가 취약한 단원 등 현재 상황을 쉽게 파악할 수 있습니다.

　그리고 꼭 기억해야 할 것이 있습니다. 홈 테스트는 학습의 한 과정일 뿐 아이가 받은 최종 성적이 아니라는 사실입니다. 그러니 결과가 기대보다 낮게 나오더라도 아이에게 부담을 주지 마세요. 현재의 학습 상황을 정확히 파악하고 실력을 향상시키기 위한 방법을 찾는 것이 목적이라는 것을 기억하고 홈 테스트를 아이를 이해하기 위한 즐거운 소통의 시간으로 활용하면 좋겠습니다. 만약 홈 테스트를 준비할 시간이 부족하다면 원하는 목적에 따라 다음과 같은 교재를 활용하는 방법을 추천합니다.

- 기본기가 궁금하다면? 초등수학 응용 _응용 탄탄북 (디딤돌)
- 응용 능력이 궁금하다면? 해법 수학경시대회 기출문제 _단원 모의고사, 실전 모의고사 (천재교육)
- 어려운 문제에 대한 내공을 알고 싶다면? 큐브수학 심화 _실전! 경시대회 모의고사 (동아출판)
- 심화 문제를 쉽게 푸는 아이라면? 응용 왕수학 _왕중왕문제 (에듀왕)
- 사고력을 교과 수학에 잘 적용하는지 알고 싶다면? Go! 매쓰 고매쓰 Jump 유형 사고력 _종합평가 (천재교육)
- 한 학기를 끝낸 아이의 수학 실력 완성도가 궁금하다면? 에이급 수학 _경시대비 (에이급)

백지형 테스트

백지형 테스트는 말 그대로 아무것도 없는 백지에 배운 내용을 직접 적어 보는 테스트입니다. 개념 확인 테스트와 공식 유도 테스트가 있지요. 두 테스트의 효과와 방식은 각각 다음과 같습니다.

• 개념 확인 테스트

개념을 정확히 이해하고 있는지 확인하려면 그것을 말로 설명하고 글로 적을 수 있는지 테스트해 보면 됩니다. 한 단원이 끝나면 그 단원에서 배운 개념을 기억나는 대로 백지에 서술하며 정리해 보는 것이지요. 이때 개념을 논리적, 유기적, 순차적으로 정리할 수 있어야 합니다. 이렇게 하면 기본 개념에 대한 이해가 정확해지고 또 부족했던 부분도 찾아서 보완하기 쉽습니다. 배점이 높은 중고교의 서술형 문항에 대한 대비도 자연스럽게 이루어지겠지요.

서술형이 아니더라도 고난도 문항, 수능형 문항을 위해 꼭 필요한 과정이기도 합니다. 이런 문항들은 보통 기본 개념에 대한 이해도 평가로 시작해 여러 개념을 연결시킬 수 있는 복합적인 사고를 요구하니까요. 그러니 복합적인 사고와 응용력의 바탕이 되는 개념들을 그때그때 정확하고 확실하게 정리해 두는 것이 중요합니다. 구체적인 방법은 다음과 같습니다.

준비 과정

- 해당 단원에 관련된 수학 도서를 읽는다.
- 개념 교재를 읽고 개념을 익힌다.
- 개념서의 제일 첫 단계 문제를 풀어 본다.
- 첫 단계 문제를 풀 때 헷갈리는 부분이 있으면 그때마다 개념이 정리된 부분을 펼쳐 이해가 될 때까지 다시 읽는다.
- 핵심 개념이 정리된 부분은 나중에 다시 찾아보기 쉽도록 체크해 둔다.

진행 순서

1) 백지에 체크해 둔 핵심 개념의 주제들을 목차대로 써 내려간다.
2) 책에 적힌 내용을 그대로 외워 쓰는 것이 아니라 자신이 이해한 내용을 바탕으로 자신만의 방식으로 쓴다.
3) 각각의 개념을 바탕으로 간단한 문제들을 만들어 본다.
4) 각 개념의 성질이 왜 혹은 어떻게 나오게 되었는지 그 이유를 생각해서 적어 본다.
5) 증명이 필요한 주제들은 미리 백지에 그 주제를 적어 둔다.
6) 위 내용에 대한 작성이 끝나면 그것을 책과 비교해 보고 정확하게 이해했는지 파악한 후, 보완이 필요한 부분은 나중에 찾아보기 쉽도록 다른 색깔의 펜으로 표시해 둔다.

• 공식 유도 테스트

 수학에서 배우는 모든 공식은 '정리(定理)', 즉 이미 진리라고 증명된 일반적인 명제입니다. 정리는 반드시 '증명'을 할 수 있어야 하고, 그 과정을 통해 유도되는 것이 바로 공식이지요. 공식 유도 테스트는 하나의 공식이 만들어지는 이 과정을 백지에 정리해 보는 것입니다.

 이렇게 스스로 공식을 유도하는 과정을 진행하면 수학을 원리적으로 이해할 수 있습니다. 수학의 본질을 이해하면 암기를 보다 정확하고 쉽게 할 수 있지요. 공식을 다양하게 응용하거나 연결하는 능력도 향상되어 공식이 변형된 문제나 응용문제에 대한 접근도 그만큼 쉬워집니다. 문제와 공식을 연결하는 능력도 강화되고요. 문제를 이해하면 그 문제를 해결할 수 있는 공식을 비교적 쉽게 떠올릴 수 있게 된다는 뜻입니다. 수학적 추상화, 일반화 능력도 향상되지요.

진행 순서

1) 공식이 유도된 부분을 찾는다.
2) '왜'라는 의문점을 가지고 공식이 유도된 과정을 정확히 이해한다.
3) 관련 학습이 끝난 후 반복해서 공식을 유도하는 과정을 연습해 본다.
4) 백지에 공식이 유도된 과정을 적는다.
5) 4)의 결과를 정확히 채점한 후 잘못된 부분이 있으면 2)와 3)의 과정을 반복한다.

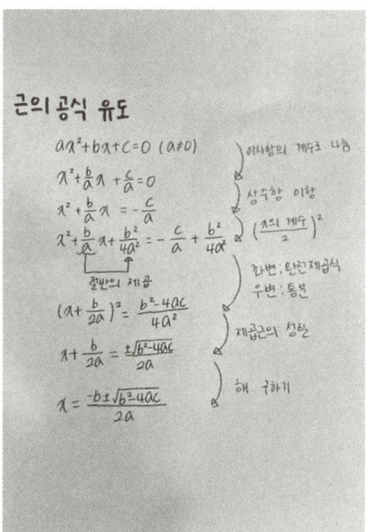

개념 확인 테스트   공식 유도 테스트

엄마가 알려 주는 오답 노트 작성법

　수학 공부를 할 때는 세 가지 종류의 노트가 필요합니다. 첫 번째는 '개념 노트'입니다. 문제에 적용된 핵심 개념과 대표 문제를 함께 정리해 두는 용도지요. 한 가지 개념을 한 번에 완벽하게 정리할 필요는 없습니다. 기본 문제집을 풀 때 개념이 정리된 내용을 적어 두었다가 다른 교재나 수학 도서 등을 통해 그 내용을 확장해 가면서 차근차근 완성하면 되니까요. 그 개념을 가장 잘 표현한 대표적인 심화 문제를 함께 써 두면 더 좋습니다. 이렇게 정의, 성질, 증명, 대표 문제가 담겨 있는 노트는 세상 어디에도 없는 나만의 개념서가 되겠지요.

　두 번째 노트는 '풀이 노트'입니다. 문제의 풀이 과정을 자세하게 정리하여 따로 노트해 두면 서술형 문제 대비에 큰 도움이 되지요. 개념 정

개념 노트 예시

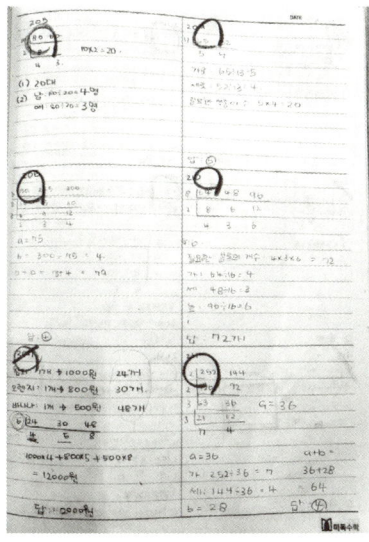

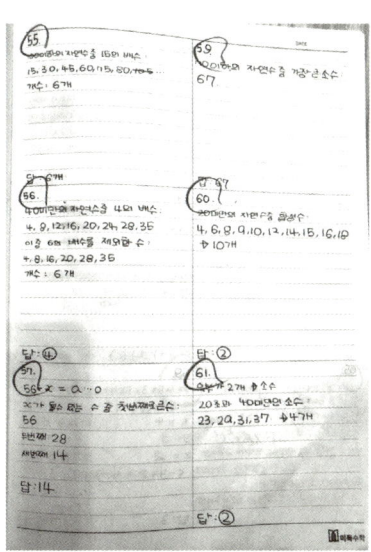

풀이 노트 예시

리를 다시 한번 하고 넘어갈 수도 있고요. 그렇다고 모든 문제를 다 풀이 노트에 기록할 필요는 없습니다. 학습 시간을 효율적으로 이용하기 위해서 단순 암산으로 풀 수 있는 문제나 기본 단계의 문제는 건너뛰어도 괜찮습니다. 대신 응용 단계부터는 식을 써야 하는 파트를 미리 정하고, 그 파트의 문제를 푼 후에는 반드시 풀이 과정을 노트에 정리하는 습관을 들일 수 있도록 해야 합니다.

세 번째이자 가장 중요한 노트는 바로 '오답 노트'입니다. 앞의 두 노트들도 물론 중요하지만 오답 노트야말로 상위권 학생들의 공통된 학습 비법이라고 할 수 있습니다. 수학 실력을 키우려면 문제를 많이 다루어 보는 것이 바람직하지요. 하지만 현재의 실력을 정확히 파악하지 못한 채로 무작정 문제만 많이 푸는 것은 비효율적입니다. 실력을 키우려면 자신의 부족한 점을 파악하고 그것을 개선하는 방향으로 구체적인 노력을 해야 효과가 있으니까요. 그러자면 자신의 오답을 정리하는 과정이 꼭 필요합니다. 오답 노트를 제대로 작성하면 몇 권의 문제집을 새로 푸는 것보다 더 나은 효과를 거둘 수도 있습니다. 시간이 훨씬 절약되는 것은 당연하고요.

게다가 상위권으로 올라갈수록 실력의 격차는 줄어듭니다. 따라서 누가 더 잘하느냐보다 누가 실수를 덜하느냐로 성적이 결정되는 경우

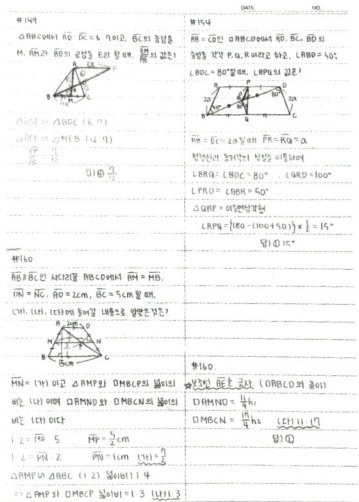

오답 노트 예시

가 많을 수밖에요. 오답 노트는 실수를 줄이기 위한 최상의 선택입니다. 특히 같은 실수를 되풀이하지 않기 위해서는 오답 노트가 필수지요. 오답 노트의 장점들을 구체적으로 정리해 보면 다음과 같습니다.

오답 노트의 장점	
취약 부분 파악 가능	오답 노트를 작성하다 보면 계속해서 틀리는 유형의 문제나 개념을 잘못 잡고 있는 문제들을 찾을 수 있다. 이를 통해 자신이 약한 부분을 파악할 수 있다.
지표가 보이는 공부 습관 형성	반복되는 실수 속에서 오답의 원인을 찾아내면 지금 시점에서 공략해야 할 문제들을 알 수 있다.

개념 활용 능력 향상	오답 노트를 작성하는 과정에서 '왜' 이런 개념이 적용되었는지를 생각하게 된다. 따라서 개념의 이해도와 활용 능력이 향상된다.
단순 실수 예방	실수했던 계산 방식이나 문제 형식 등을 오답 노트에 자주 기록하다 보면 그 기억이 새겨져 비슷한 실수의 빈도를 줄일 수 있다.

그런데 무작정 틀린 문제들을 노트에 다시 풀기만 하면 오답 노트가 되는 걸까요? 그렇지 않습니다. 틀린 문제에 대한 분석과 개선 방향이 정확해야 앞에서 언급한 장점들이 비로소 빛을 발할 수 있습니다. 따라서 다음과 같은 기준으로 틀린 문제들을 꼼꼼히 살펴보고 필요한 내용을 오답 노트에 함께 기록하는 것이 좋습니다.

오답 노트의 내용	
틀린 이유	왜, 어디서, 어떻게 틀렸을까 원인을 꼼꼼히 분석해 본다. - 계산 과정의 실수라면? 자신이 쓴 식, 과정을 점검하여 단순 계산에서 실수가 있었는지 살핀다. - 문제를 잘못 이해했다면? 문제를 해석하여 그 의도를 제대로 이해했는지, 단순히 읽기만 한 것은 아닌지 문제를 다시 살펴본다. - 잘못된 개념(식)을 활용했다면? 풀이 과정을 검수하며 문제의 의도에 맞지 않는 잘못된 식을 활용한 것은 아닌지 살펴본다. 만약 올바른 식이 떠오르지 않으면 개념 파악이 미흡하다는 뜻이니 그 부분을 찾아 복습한다. - 집중력의 문제라면? 특별한 이유도 없는데 어이없이 문제를 틀렸다면 집중력에 문제가 있었다는 뜻이다. 공부할 때 집중력이 흐트러지지 않도록 노력하자.
핵심 포인트	출제자의 의도를 담고 있는 키워드가 무엇인지 찾아서 적어 본다.

핵심 개념	모든 문제는 개념으로부터 시작되므로 해당 문제를 풀기 위해 활용할 수 있는 개념을 생각해 적어 본다.
정답인 이유	풀이 과정을 점검하며 문제를 어떻게 풀어야 했으며, 왜 그런 공식들이 사용되었는지 이해하고 기록해 둔다.

• 초등 저학년 – 사고력 수학 오답 노트

이와 같은 내용을 바탕으로 하되 아이의 학년과 수준에 맞는 팁을 활용하면 더욱 효과적으로 오답 노트를 작성할 수 있습니다. 먼저 초등학교 1~3학년 시기에는 사고력 수학을 공부할 때 오답 노트가 필요합니다. 이때는 영역별로 섹션을 나누어 노트를 작성하는 것이 좋습니다. 그래야 어느 영역이 가장 취약한지 한눈에 파악할 수 있으니까요.

사고력 수학은 문제의 길이가 상당히 긴 경우가 많습니다. 일일이 쓰다 보면 지치기도 하고 귀찮기도 하겠지요. 그래서 문제를 직접 손으로 적는 것보다는 문제집을 복사하거나 종이로 출력하여 노트에 잘라 붙이는 방법을 추천합니다. 마치 미술 시간처럼 자르고 붙이며 수학 공부를 하면 아이가 흥미를 느끼지요. 이런 즐거운 기억들이 바로 자기주도 학습의 발판이 됩니다.

오답 노트의 취지는 같은 실수를 두 번 하지 말자는 것입니다. 그러니 실수한 문제를 여러 번 풀어 보는 것은 좋지만 굳이 문제까지 반복해서 쓸 필요는 없습니다. 따라서 한 문제를 여러 번 풀어 볼 수 있도록 노트를 구성하는 것도 좋습니다.

답을 찾아가는 과정을 단계별로 나누어 구체적으로 서술할 수 있게 하는 것도 중요합니다. 이 과정에서 '왜' 그 문제에 그 식들이 사용되었는지 이해할 수 있고, 논리적인 사고 능력도 기를 수 있으니까요. 또 오답만 정리하지 말고 틀린 문제와 비슷한 문제를 다른 교재에서 찾아 오답 노트에 추가한 후 풀어 보면 좋습니다. 이때는 시간제한을 두지 말고 최대한 천천히 여유를 가지고 정답을 찾도록 합니다. 헷갈리는 개념이 있다면 오픈 북으로 해당 내용을 찾아보는 것도 괜찮습니다. 아이 스스로 답을 찾아가는 것이 가장 중요하니까요.

• 초등 고학년 – 단계별 오답 노트

본격적으로 수학 공부를 시작하는 초등학교 4~6학년 시기에는 오답 노트를 학습 단계에 맞추어 기본, 응용, 심화로 나누어 작성하는 것을 추천합니다. 각 단계별 작성 요령은 다음과 같습니다.

	오답 노트 작성법
기본 교재	1. 처음 풀 때, 문제는 최대한 깨끗하게 작성한다. 2. 틀린 문제는 나중에 찾기 쉽도록 아래에 포스트잇을 붙여 놓는다. 3. 한 단원이 끝나면 해당 단원의 틀린 문제들을 다시 풀어 보도록 한다.
응용 교재	1. 오답이 많은 경우, 동일한 문제집을 두 권 산다. 2. 틀린 문제는 형광펜으로 표시한 뒤, 단원별로 다시 풀어 보도록 한다. 3. 오답이 별로 없는 경우, 지우고 다시 풀어 보도록 한다. 4. 높은 단계의 문제는 오답 노트에 작성한다.

심화 교재	1. 스텝1에서 틀린 문제는 개념을 찾아보면서 다시 풀어 보도록 한다. 2. 스텝2에서 틀린 문제는 오답 노트에 작성한다. 3. 스텝3에서 틀린 문제는 비슷한 난이도 교재의 유사 문제를 찾아 두 문제 이상을 오답 노트에 작성하도록 한다. * 심화 오답 노트 작성은 다른 심화 교재 2~3권을 푸는 효과와 같다.

 오답 노트를 써야 하는 이유를 한마디로 정리하면 '틀린 문제를 또 틀리지 않기 위해서'입니다. 세상에 똑같은 사람은 아무도 없듯 아이들도 저마다 틀리는 문제가 다르고 틀리는 이유도 다릅니다. 그러니 나의 오답 노트는 나만이 만들 수 있는, 나만을 위한 단 하나의 비법서지요. 이 사실을 아이들이 잘 이해할 수 있도록 도와주세요. 그러면 오답 노트를 작성하는 과정이 훨씬 즐겁고 의미 있게 다가올 것입니다.

단원	교재	페이지	문항 번호
문제		풀이	
오답 원인	주요 개념 및 공식		
○ 문제 이해 ○ 개념 이해 ○ 풀이 과정 계산 기타 ( )			

오답 노트 양식 예시

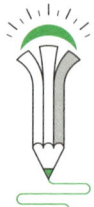

우리 아이 맞춤형 선행 로드맵

　자기 계발의 대가로 불리는 세계적인 베스트셀러의 작가 지그 지글러(Zig Ziglar)는 목표와 계획의 중요성을 강조하며 이렇게 말했습니다. "목표 없이 배회하다 어느 날 갑자기 에베레스트 정상에 서는 사람은 없다."

　그렇다면 우리 아이가 서야 할 에베레스트 정상은 어디일까요? 교과 과정의 최종 목표는 대입입니다. 그리고 그 대입에 직접적인 영향을 미치는 것은 고등 내신과 수능이지요. 즉 지금은 초등 수학 과정을 진행 중일지라도 최종적으로는 고등 수학으로 평가를 받는다는 것입니다. 그런데 수학은 초등부터 고등 수학까지 유기적으로 연결되어 있습니다. 그래서 우리 아이의 현 학습 과정부터 고등 수학을 끝낼 때까지 필요한 기간과 노력을 미리 계산해서 학습 계획 즉 로드맵을 짤 필요가 있지요. 그래야 부족한 부분을 미리 파악하고 보충할 수 있는 시간적 여유를 더 많이 확보할 수 있으니까요.

또 당장 눈앞에 놓인 진도만 생각할 때와 대입이라는 최종 목표를 염두에 두고 큰 그림을 그릴 때는 학습하는 방식과 태도도 다를 수밖에 없습니다. 초등학교 때 익힌 학습 습관은 중등 수학과 고등 수학으로 이어지고 최종적으로는 대입의 결과에 영향을 미치지요. 그러니 초등 시기부터 자기주도학습 습관을 바탕으로 스스로 개념을 이해하고 심화 문제를 고민하며 문제 해결력을 키우도록 해야 합니다. 그렇다면 초등 과정에서 로드맵을 짤 때 구체적으로 어떤 것들을 고려해야 할까요? 다음의 내용을 참고하면 좋을 것 같습니다.

초등 저학년 로드맵 기획 팁

① 새 학기가 시작되는 1학기를 기회로 삼는다.
첫 학기, 첫 과정이기 때문에 학습에 대한 이해도를 파악할 필요가 있다. 따라서 학습량을 늘린다. 연산과 사고력, 교과 학습의 비중을 잘 조절해야 한다.

② 연산 학습량을 규칙적으로 늘린다.
연산은 수학의 기본이다. 기초 실력을 탄탄하게 다져야 하므로 7세부터 초3까지 꾸준히 연습해야 한다. 한 장씩이라도 좋으니 학년이 올라갈수록 학습량을 조금씩 늘린다. 학습 규칙이 일관되지 않으면 아이의 학습 습관과 흥미에 영향을 미칠 수 있으니 주의한다.

③ 사고력 수학은 교재의 단계를 높여 가는 것을 목표로 삼되, 기간을 충분히 두고 여유 있게 계획을 짜는 것이 좋다.

④ 자기 학년에 대한 심화 학습은 필수로 한다.

> **초등 고학년 로드맵 기획 팁**
>
> ① 초4까지는 초등 연산을 마무리한다.
> 연산 진도는 교과 진도보다 빠르게 하는 것이 좋다.
>
> ② 초4부터는 교과 심화에 집중한다.
> 경시대회 준비 등 특별한 이유가 아니라면 사고력 수학의 비중은 줄이고 교과 심화에 집중할 것을 추천한다.
>
> ③ 겨울 방학을 기회로 만든다.
> 겨울 방학에는 수학 학습량을 평소보다 1.5~2배 늘린다. 특히 상위권 학생들의 경우 실력을 한층 업그레이드할 수 있는 기회로 겨울 방학을 잘 활용해야 한다.
>
> ④ 중등 선행 시 전체적인 학습 시간을 조율해야 한다.
> 초등 과정 선행을 끝내고 중등 수학 선행으로 들어갈 경우 학습 패턴에 큰 변화가 일어난다. 학습 난이도가 대폭 상승함에 따라 이전에 비해 학습 시간도 크게 늘어나기 때문이다. 따라서 다른 과목의 학습 시간이 줄어들 수밖에 없으므로 이를 현명하게 조율할 필요가 있다.

실제로 로드맵을 짜다 보면 아마 가장 고민되는 부분이 '선행학습'일 것입니다. 대치동 같은 교육특구를 부정적으로 비출 때 흔히 지적하는 풍경이 바로 선행학습이기도 하지요. 초등학교 5, 6학년이 중고등학교 수학을 풀고 있다며 아이들에게 과도한 학습을 강요한다는 식으로 이야기하기도 합니다. 그런데 이 지적은 맞기도 하고 틀리기도 합니다.

우선 틀린 지점을 생각해 볼까요? 다른 과목들도 그렇지만 특히 수학은 학년이 올라갈수록 내용이 어렵고 복잡해집니다. 그러니 같은 단원을 공부할 때 당연히 처음 접하는 아이보다 선행학습을 한 아이가 훨씬 여유롭습니다. 물론 수박 겉핥기식의 형식적인 선행이 아니라 제대로 된 선행을 했다는 전제하에서 말이지요. 또 선행으로 미리 공부를 끝낸 아이들은 복습할 시간도 상대적으로 많습니다. 당연히 좋은 성적을 거두는 데 유리하겠지요. 그러니 적어도 수학 공부에 있어서 어느 정도의 선행은 필요합니다.

문제는 아이의 상황과 능력 혹은 목적에 맞지 않게 이루어지는 '무리한 선행'입니다. 수학에 탁월한 재능을 보이는 아이들은 초등학교 고학년에 벌써 고등 수학 선행을 하기도 하지요. 하지만 모든 아이들이 그렇게까지 선행을 해야 하는 건 아닙니다. 해서도 안 되고요. 선행은 무조건 일찍 시작한다고 좋은 것도 아니고 학년을 많이 앞서 나갈수록 좋은 것도 아닙니다. 아이가 소화하기 어려운 선행을 무리하게 강요하면 오히려 자신감이 떨어져 수학에 흥미를 잃게 되기 쉽습니다. 더 나아가 수학을 거부하게 되는 원인이 되기도 하고요.

그렇다면 선행은 언제, 어떻게 진행하는 게 적절할까요? 초등 수학 진도가 끝났다고 무조건 중등 수학 선행을 진행하는 것은 바람직하지 않습니다. 초등 수학에서는 보통 한 단원의 개념을 설명하는 데 30분 정도의 시간이 소요되지요. 하지만 중등 수학에서는 90분 정도가 필요합니다. 초등 수학의 완성은 교재 2권 정도를 기준으로 보지만 중등 수학은 최소 3권으로 보고요. 그러니 체감상 중등 수학은 초등 수학보다 약 2~3배 정도 어렵게 느껴진다고 볼 수 있습니다. 그런데 충분히 준비되지 않은 상태에서 어려운 중등 수학을 만나면 어떻게 될까요? 급속하게 자신감을 잃고 수학에서 멀어지기 쉽겠지요.

그럼 아이가 중등 선행을 할 준비가 되었는지 어떻게 확인할 수 있을까요? 우선 초등학교 5, 6학년 과정의 기본 또는 응용에서 자주 틀렸던 문제들과 관련된 개념들을 질문하고 대답을 들어 보세요. 내용을 확실히 숙지하고 있다면 자신의 말로 설명할 수 있을 것입니다. 또 단원평가가 있는 문제집을 선택해 중등 과정과 직접 연계되어 있는 단원이나 밀접한 관련이 있는 단원들만 골라 테스트도 해 봐야 합니다. 마지막으로 다음 10가지 항목을 체크해 보세요.

	중등 선행, 준비되었나요?		
	점검 내용	결과	
		O	×
1	문제를 암산으로 많이 푸는 편이다		
2	식 세우는 걸 어려워한다		
3	최상위 하이레벨 정답률이 낮은 편이다		
4	어떤 수에 대한 문제를 특히 어려워한다		
5	수의 범위와 어림하기를 어려워한다		
6	과제 완성도가 점점 낮아지는 편이다		
7	오답 노트 습관이 길러지지 않았다		
8	친구들이 중등 선행을 하니 본인도 무작정 따라 하고 싶은 것 같다		
9	개념을 질문했을 때 정확하게 답하지 못한다		
10	5, 6학년 과정의 정답률은 낮지만 오답 노트는 모두 진행했다		

O가 ×보다 많다면 아직 선행 준비가 덜 되었다는 뜻입니다. O를 하나씩 ×로 바꾸어 나가면서 충분히 준비가 되었을 때 선행을 시작하세요.

중등 선행을 시작할 때는 학기별로 어느 교재까지 풀 것인지 목표를 정하면 좋습니다. 이때 중등 과정 전체를 같은 교재로 진행할 필요는 없습니다. 파트별로 적절한 교재를 따로 이용하는 것이 더 효율적일 수 있습니다. 모든 단원을 심화까지 공부할 필요도 없습니다. 대신 선행의 최종 목표는 고등 수학인 만큼 고등 수학과 밀접한 파트들은 확실하게 심화까지 완성하는 것이 좋습니다. 목표 교재를 완성한 후에는 다른 교재를 선택해 복습을 할 수도 있지만 선행 과정에 대한 이해도가 높았다면 과감하게 고등 과정으로 나아가는 것이 훨씬 더 좋은 선택일 수도 있습니다. 수학은 이전 단계의 학습을 바탕으로 다음 단계의 학습이 진행되므로 공부를 시작한 김에 연관된 학습으로 내용을 확장해 가는 것이지요. 이는 아이의 학습 상황에 따라 판단하세요.

선행학습은 학년이 올라가 학습 시간이 부족해졌을 때를 대비해 여유를 갖기 위해 필요한 것이지 그 자체가 목적도 결과도 아닙니다. 이 사실을 잊으면 선행은 역효과를 낳기 쉽습니다. 아이들은 저마다 자신에게 맞는 학습 속도가 있습니다. 어떤 아이에게는 전체 내용을 빠르게 훑어보고 여러 번 반복하는 것이 효과적일 수 있고 어떤 아이에게는 한 번 공부할 때 꼼꼼하게 학습하는 것이 훨씬 더 나은 결과를 가져다줄 수 있습니다. 그러니 가장 좋은 선행은 무조건 빠른 선행, 무조건 많이 앞서는 선행이 아니라 아이의 속도에 맞는 선행이라는 것을 꼭 기억해 주세요.

그럼 본격적으로 선행학습 로드맵을 짜 볼까요? 수학에 뛰어난 재능을 보이는 아이부터 수학을 많이 어려워하는 아이까지, 상황별로 추천하는 선행 코스는 다음과 같습니다. 참고하여 우리 아이에게 꼭 맞는 코스가 무엇일지 고민해 보세요.

① 수학 천재의 싹이 보여요

	1학기 (3~6월)	여름 방학 (7~8월)	2학기 (9~12월)	겨울 방학 (1~2월)
초1	초4-1 기본 응용 심화 초4-2 기본 응용	초4-2 심화	초5-1 기본 응용 심화	초5-2 기본 응용
초2	초5-2 심화 초6-1 기본 응용 심화	초6-2 기본 응용 심화	중1-1 기본 응용 실력 중1-2 기본	중2-1 기본 응용
초3	중1-1 심화 중2-1 실력 심화	중3-1 기본 응용	중3-1 실력 중1-2 응용 실력	중3-1 심화 중2-2 기본 응용
초4	중2-2 실력 중3-2 기본 응용 실력	수(상) 기본	수(상) 응용 실력	수(하) 기본
초5	수(상) 심화 수(하) 응용	수(하) 실력	수1 기본 응용	수1 실력 수(하) 심화

② 심화가 쉬워요 [의학 계열 대비 로드맵]

	1학기 (3~6월)	여름 방학 (7~8월)	2학기 (9~12월)	겨울 방학 (1~2월)
초1	초2-1 기본 응용 실력	초2-2 기본 응용	초2-2 실력 초3-1 기본 응용	초3-1 실력 초3-2 기본 응용
초2	초4-1 기본 응용 초3-2 실력	초4-1 실력 심화	초4-2 기본 응용 실력 심화	초5-1 기본 응용 실력
초3	초5-2 기본 응용 실력 심화 초5-1 심화	초6-1 기본 응용 실력	초6-1 심화 초6-2 기본 응용	초6-2 실력 심화
초4	중1-1 기본 응용 실력	중2-1 기본 중1-1 심화	중2-1 응용 실력 중1-2 기본	중2-1 심화 중1-2 응용
초5	중2-2 기본 응용 실력	중3-1 기본 응용	중3-1 실력 중3-2 기본 응용	중3-2 실력 중3-1 심화
초6	수(상) 기본 응용	수(상) 실력	수(하) 기본 응용	수(하) 실력

③ 응용까지는 쉬워요 [자연 계열 대비 로드맵]

	1학기 (3~6월)	여름 방학 (7~8월)	2학기 (9~12월)	겨울 방학 (1~2월)
초1	초1-2 기본 응용 실력	초2-1 기본 응용	초2-1 실력 초2-2 기본 응용	초2-2 실력 초3-1 기본 응용
초2	초3-1 실력 초3-2 기본 응용	초3-2 실력	초4-1 기본 응용 실력	초4-2 기본 응용
초3	초4-2 실력 초3-1 심화	초5-1 기본 응용	초5-1 실력 초5-2 기본 응용 초3-2 심화	초6-1 기본 응용 초5-2 실력
초4	초6-1 실력 초6-2 기본 응용 초4-1 심화	초6-2 실력	중1-1 기본 초4-2 심화	중1-1 응용 실력
초5	중2-1 기본 응용 초5-1 심화	중2-1 실력	중1-2 기본 응용 초5-2 심화	중2-2 기본 응용
초6	중2-2 실력 초6-1 심화	중3-1 기본	중3-1 응용 실력 초6-2 심화	중3-2 기본 응용 중3-1 심화

④ 심화가 많이 어려워요 [자연 계열 대비 로드맵]

	1학기 (3~6월)	여름 방학 (7~8월)	2학기 (9~12월)	겨울 방학 (1~2월)
초1	초1-1 실력	초1-2 기본 응용	초1-2 실력	초2-1 기본 응용
초2	초2-1 실력 초2-2 기본	초2-2 응용	초2-2 실력 초3-1 기본 응용	초3-1 실력 초3-2 기본 응용
초3	초3-2 실력 초3-1 심화	초4-1 기본 응용	초4-1 실력 초3-2 심화	초4-2 기본 응용 실력
초4	초5-1 기본 응용 실력 초4-1 심화	초5-2 기본 응용	초5-2 실력 초6-1 기본 응용 초4-2 심화	초6-1 실력 초6-2 기본 응용
초5	초6-2 실력 초5-1 심화	중1-1 기본	중1-1 응용 실력 초5-2 심화	중2-1 기본 응용
초6	중2-1 실력 초6-1 심화	중1-2 기본 응용	중2-2 기본 응용 초6-2 심화	중3-1 기본 응용

⑤ 초4부터 시작할래요 [자연 계열 대비 로드맵]

	1학기 (3~6월)	여름 방학 (7~8월)	2학기 (9~12월)	겨울 방학 (1~2월)
초1	초1-1 기본 응용	초1-1 심화	초1-2 기본 응용	초1-2 심화
초2	초2-1 기본 응용	초2-1 심화	초2-2 기본 응용	초2-2 심화
초3	초3-1 기본 응용	초3-1 심화	초3-2 기본 응용	초3-2 심화 초4-1 기본 응용
초4	초4-2 기본 응용 초4-1 심화	초5-1 기본	초5-1 응용 심화 초4-2 심화	초5-2 기본 응용
초5	초6-1 기본 응용 초6-2 기본	초6-2 응용 중1-1 기본	중1-1 응용 초2-1 기본	중2-1 응용 중1-1 심화
초6	중3-1 기본1 초6-1 심화	중3-1 기본2 중1-2 기본	중3-1 응용 중2-2 기본	수(상) 기본 중3-1 심화

⑥ 기본부터 힘들어요 (인문 계열 대비 로드맵)

	1학기 (3~6월)	여름 방학 (7~8월)	2학기 (9~12월)	겨울 방학 (1~2월)
7세	초1-1 연산 초1-2 연산	초1-1 기본(난이도 하)	초1-1 기본 응용1	초1-2 기본(난이도 하)
초1	초1-2 기본 응용1 초1-1 응용2	초1-2 응용2	초2-1 기본(난이도 하) 기본 응용1	초2-1 응용2
초2	초2-2 기본(난이도 하) 기본 응용1	초2-2 응용2	초3-1 기본(난이도 하) 기본 응용1	초3-1 응용2
초3	초3-1 실력 초3-2 기본 응용1 응용2	초3-2 실력	초4-1 기본 응용1 응용2	초4-1 실력 초4-2 기본 응용1
초4	초4-2 응용2 실력 초5-1 기본(난이도 하)	초5-1 기본 응용1	초5-1 응용2 초5-2 기본(난이도 하) 기본 응용1	초5-2 응용2 초6-1 기본
초5	초5-1 실력 초6-1 기본 응용1 응용2	초5-2 실력	초6-2 기본 응용1 응용2	초6-1 실력 중1-1 기본

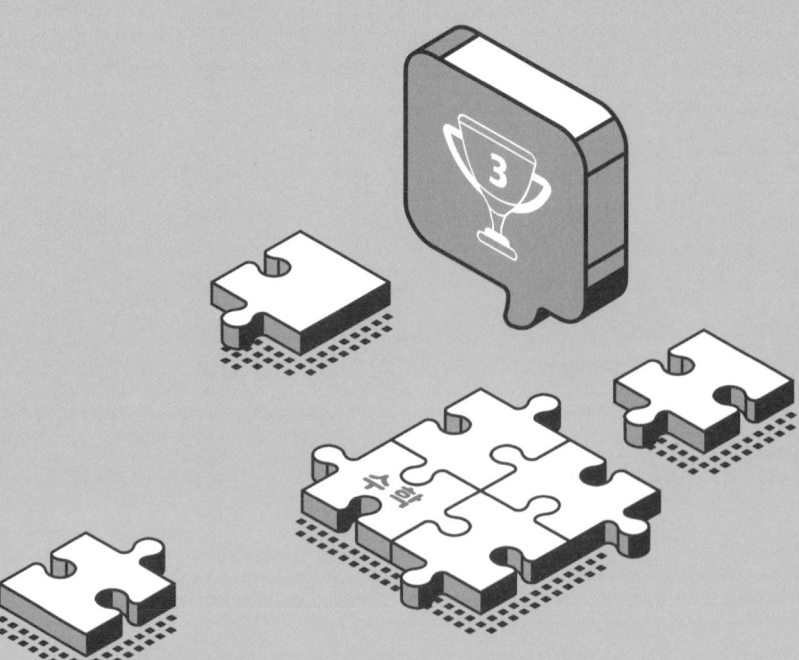

슬기로운
학교 + 학원 생활 :
수   학   편

초등 수학 완전 정복

앞서 선행학습의 의미와 필요성을 이야기했습니다. 그런데 초등 시기에 흔히 저지르기 쉬운 실수는 선행에 치우쳐 현행 학습을 소홀히 하는 것입니다. 선행은 당연히 현행 학습을 충실히 하고 있다는 전제하에 진행되어야 합니다. 다시 한번 강조하지만 수학은 이미 배운 개념을 바탕으로 새로운 개념을 익히는 계단식 학습이 특징이니까요. 그러니 현행 학습의 내용을 확실하게 익히지 않고 선행을 한다는 것은 이가 빠진 계단을 위태롭게 오르는 것과 같습니다. 어디선가는 반드시 문제가 될 수밖에 없지요. 그런 의미에서 초등 수학의 핵심이 되는 내용들을 학년별로 꼼꼼히 짚어 보면 수학 실력을 단단히 쌓는 데 도움이 될 것입니다.

• 초등학교 1~3학년

이 시기에는 자기주도학습의 틀을 다지는 것이 제일 중요합니다. 매일 꾸준히 일정한 양의 연산 학습과 교과 과정 학습을 통해 공부하는 습관을 잡아 주세요. 연산 학습의 경우 초반에는 스스로 집중력을 발휘하기가 쉽지 않습니다. 학부모가 학습을 함께 진행하거나 학습지를 이용해 도와주면 좋습니다.

초등학교 3학년부터는 개념 노트를 쓰기 시작해야 합니다. 심화 문제도 조금씩 다루기 시작해야 하고요. 아무런 준비 없이 고학년 과정에서 갑자기 심화 문제를 다루기 시작하면 부담스러워서 거부감이 들 수 있으니 미리부터 친숙하게 해 두자는 것이지요. 단, 심화 문제는 충분히 실력이 갖추어진 상태에서 시작해야 합니다. 자칫 욕심을 부리다 수학을 어렵고 힘든 과목으로 인식하게 만드는 역효과를 낳으면 안 되니까요. 수학 공부에 지름길은 없습니다. 현재의 상황을 정확하게 파악하고 거기서부터 천천히 한 걸음씩 나아가는 것이 실력을 키우는 유일한 방법이라는 사실을 잊지 마세요.

이 밖에 초등 저학년 시기에는 독서를 통해 문해력을 키우는 것도 수학 공부를 위해 꼭 필요한 활동입니다. 수학을 포함한 모든 학습의 기본은 '독해'입니다. 수학 문제 역시 주어진 글을 읽고 요구하는 내용을 바르게 파악하는 것이 풀이의 첫 단계지요. 특히 학년이 올라갈수록 긴 문장으로 이루어진 문제들이 늘어나는 만큼 반드시 독해력이 뒷받침되어야 합니다. 독해력에 대한 이야기는 뒤이어 나오는 '3부 엄태욱 선생님의 튼튼 국어 전략'에서 자세히 다루고 있습니다.

• 초등학교 4학년

수학의 수준이 한 단계 점프하는 초등학교 4학년부터는 조금 더 꼼꼼하게 핵심을 짚어 드리겠습니다.

초등학교 4학년은 고학년으로 올라서는 시기입니다. 이제 저학년 때 주력하던 사고력 수학의 비중을 줄이고 교과 공부에 집중하기 시작해야지요. 초등 연산은 가급적 4학년까지 끝내는 것이 좋습니다. 4학년 때 집중해야 되는 단원들은 다음과 같습니다.

4학년 1학기	
핵심 단원	중요 내용
각도	중 1학년 2학기와 연계.
곱셈과 나눗셈	문장제 문제 심화 연습이 필요하다. 심화 연습을 집중하여 학습하면 추후 문장제 문제를 접했을 때, 쉽게 해결하도록 도움을 준다.
막대그래프	기본형 문제만 보면 난이도가 높지 않은 단원으로 여길 수 있지만, 심화 문제는 수학적 추론 능력이 요구된다. 중 1학년 2학기와 연계.
규칙 찾기	수학적 감각 향상에 도움이 된다. 많은 학생이 어려워하는 단원으로, 응용문제에 취약할 시 심화 과정으로의 진행은 추천하지 않는다.

4학년 2학기	
핵심 단원	중요 내용
분수의 덧셈과 뺄셈, 소수의 덧셈과 뺄셈	'분수/소수의 곱셈과 나눗셈'과 계산법 외에는 동일한 유형이므로, 해당 단원에서 '분수/소수'가 가진 기본 연산과 같은 공통적인 유형을 확실히 학습하는 게 좋다.
삼각형, 사각형, 다각형	다각형의 기본 개념을 확실히 인지하기. 타 단원에서 출제되는 도형 관련 응용문제 풀이에도 도움을 준다. 중 1학년 2학기와 연계.

• 초등학교 5학년

이제 자신만의 심화 학습법을 만들어야 하는 시기입니다. 예를 들어 《최상위 수학(디딤돌)》을 심화 교재로 사용한다고 생각해 볼까요? 그러면 '1, 2레벨에서 틀린 문제는 오답을 지우고 다시 풀어 보겠다' '3, 4레벨에서 틀린 문제는 두 번씩 풀어 보고 오답 노트를 작성하겠다' 등의 학습 규칙을 세울 수 있겠지요. 또 5학년부터는 오답 노트도 필수적으로 작성해야 합니다. 5학년 과정의 주요 단원은 다음과 같습니다.

5학년 1학기	
핵심 단원	중요 내용
약수와 배수	중 1학년 1학기와 연계.
규칙과 대응	둘 사이의 관계성을 찾고 수식을 세우는 연습을 할 수 있는 중요한 단원이다. 중 2학년 1학기와 연계.
분수의 덧셈과 뺄셈	'분수의 곱셈과 나눗셈'과 계산법 외에는 동일한 유형이므로, 해당 단원에서 '분수'가 가진 기본 연산과 같은 공통적인 유형을 확실히 학습하는 게 좋다.

다각형의 둘레와 넓이	다각형의 넓이 공식을 기본으로 다양한 응용문제를 풀 수 있으며, 도형 감각 학습에 있어서 중요한 단원이다. 중 1학년 2학기와 연계.

5학년 2학기	
핵심 단원	중요 내용
분수의 곱셈, 소수의 곱셈	문장제 문제 심화 연습이 반드시 필요한 단원이다. 6학년 1학기와 연계.
직육면체	평면도형에서 입체도형으로 도형의 범위가 확장된다. 공간 감각 기본 개념 학습과 심화 유형의 집중 학습이 필요하다. 6학년 1학기, 중 1학년 2학기와 연계.

• 초등학교 6학년

중등 수준의 수학 공부가 시작되는 시기인 만큼 이제 자기주도학습의 틀이 잡혀야 합니다. 아이 스스로 연, 월, 일 단위의 학습 계획을 작성할 수 있도록 도와주세요. 과제를 미루는 습관이 있다면 더 이상은 곤란합니다. 확실하게 그날그날의 과제를 끝낼 수 있도록 점검해 주세요. 중학교 선행학습을 진행할 때는 한 학기 분량의 학습이 끝날 때마다 해당 학기의 실제 중학교 기출 시험지를 풀어 보는 것이 좋습니다. 그 결과를 토대로 앞으로 중등 과정을 어떻게 꾸려 나가면 좋을지 구체적인 계획을 세워 보는 것이지요.

6학년 1학기	
핵심 단원	중요 내용
분수의 나눗셈, 소수의 나눗셈	문장제 문제 심화 연습이 필수로 요구된다. 6학년 2학기와 연계.
비와 비율	6학년 1학기 과정 중 가장 어렵고도 중요한 단원이다. 개념과 연산 풀이는 비교적 쉽지만, 개념을 응용할 수 있는 독해력이 필요하다. 기본 연산 연습 후 심화 문제 풀이에 집중하면 좋다. 6학년 2학기, 중 1학년 1학기와 연계.
직육면체 부피/겉넓이	응용력이 요구되는 문제가 대다수다. 중 1학년 2학기와 연계.

6학년 2학기	
핵심 단원	중요 내용
비례식과 비례배분	비례식의 성질을 이용한 계산, 비례배분은 중등 과정에서도 지속적으로 사용된다. 기본 개념을 다지기 위한 기본 연산 연습이 필요하다.
원의 넓이	응용력을 필요로 하는 문제가 대다수다. 중 1학년 2학기와 연계.

이상으로 초등 수학에서 학년별로 중요한 단원이 무엇인지, 꼭 알고 넘어가야 할 내용은 무엇인지 톺아 보았습니다. 지금부터는 초등 수학 과정을 통틀어서 아이들이 가장 어려워하는 유형의 문제들도 세 가지 정도만 살펴볼까요?

첫 번째는 '테이프 연결 문제'입니다. 이 문제를 해결하기 위해서는 두세 가지의 그림을 그려 보거나 직접 테이프를 만들어 보면서 규칙을 찾아야 합니다. 그런 다음 식을 세워 요구하는 답을 찾아내는 것이지요.

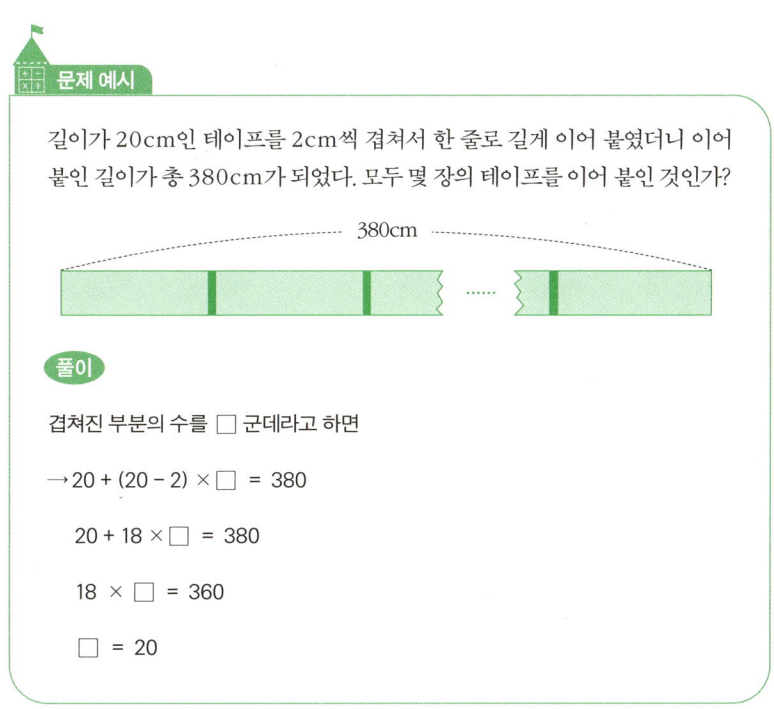

문제 예시

길이가 20cm인 테이프를 2cm씩 겹쳐서 한 줄로 길게 이어 붙였더니 이어 붙인 길이가 총 380cm가 되었다. 모두 몇 장의 테이프를 이어 붙인 것인가?

풀이

겹쳐진 부분의 수를 ☐ 군데라고 하면

→ 20 + (20 − 2) × ☐ = 380

  20 + 18 × ☐ = 380

  18 × ☐ = 360

  ☐ = 20

두 번째는 '나무 간격 문제'입니다. 이 문제의 핵심은 '한쪽'과 '양쪽'이라는 용어의 뜻을 정확하게 파악하고 '간격'의 의미를 이해하는 것입니다.

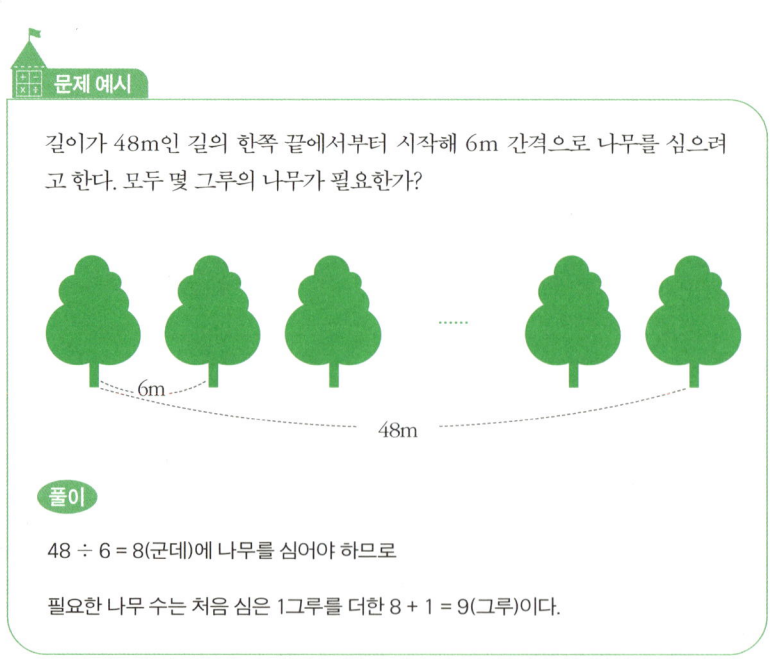

문제 예시

길이가 48m인 길의 한쪽 끝에서부터 시작해 6m 간격으로 나무를 심으려고 한다. 모두 몇 그루의 나무가 필요한가?

풀이

48 ÷ 6 = 8(군데)에 나무를 심어야 하므로

필요한 나무 수는 처음 심은 1그루를 더한 8 + 1 = 9(그루)이다.

마지막 세 번째는 '달력 문제'입니다. 달력의 특성, 즉 일 년은 12개월로 이루어져 있음을 이해하고, 각 달은 몇 날인지, 일주일의 개념 등을 알아야 풀 수 있습니다.

 **문제 예시**

9월 1부터 일기를 쓰기 시작한 현이는 9월 20일까지 매일 일기를 썼다. 현이는 일기장의 날짜 칸에 모두 몇 개의 9를 썼는가?

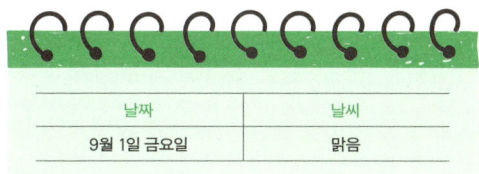

풀이

9월 1일부터 9월 20일까지 20일 동안 매일 일기를 썼으므로

월 앞에 쓴 9의 개수는 20개이고, 일 앞에 쓴 9의 개수는 9일, 19일 2개이다.

따라서 현이가 일기장 날짜 칸에 적은 9는 20 + 2 = 22(개)다.

시작이 좋아야 끝이 좋다고 하지요. 학습이 계단식으로 이루어지는 수학은 특히 더 그렇습니다. 초등 수학이라는 첫 계단을 단단하게 다져야 그 계단을 밟고 중등 수학, 고등 수학으로 안전하게 올라갈 수 있으니까요. 그런데 수학이라는 계단은 모두가 같은 높이로 이루어져 있지 않습니다. 마치 산을 오르는 것과 같아서 비교적 평탄한 부분이 있는가 하면 특히 가팔라서 주의가 필요한 부분도 있지요. 등산 코스를 미리 파악해 그에 맞는 적절한 장비를 갖추고 훈련을 한 사람과 아무것도 모른 채 무작정 출발한 사람의 산행이 같을 수가 있을까요? 수학도 마찬가지입니다. 다만 아이들은 아직 혼자 등산할 수 없지요. 그러니 엄마가 한 발 앞서 어떤 내용이 중요한지, 어느 부분이 어려운지 미리 파악하고 준비시켜 주세요. 그러면 아이가 훨씬 수월하게, 또 자신감 있게 학습을 진행해 나갈 수 있을 것입니다.

안으로는 내신 관리,
밖으로는 경시대회 도전

　누가 뭐래도 학생의 근본이 자리하는 곳은 학교입니다. 학생에 대한 평가가 학교생활을 중심으로 이루어지는 것은 너무나 당연한 일이지요. 그러나 다른 한편으로 생각하면 학교라는 테두리가 아이들을 가두고 있는 우물이 되기도 합니다. '대입'이라는 문에 들어가기 위해서는 같은 학교 학생들끼리만 겨루는 것이 아닌데, 교내 경쟁만으로 대비가 될까요? 학교 밖으로 나와 다양한 학생들과 겨루며 자신의 현재 실력이 어떠한지 상황을 검증해 볼 필요가 있지 않을까요? 그런 의미에서 내신을 관리하는 효율적인 방법과 함께 경시대회에 관련된 내용을 알려 드리겠습니다.

내신 관리, 어렵지 않아요

입시에 직접 반영되는 것은 고등학교의 내신이지만 관리는 미리부터 시작해야 합니다. 관리는 곧 습관이고 습관은 하루아침에 만들어지는 것이 아니니까요. 내신을 효율적으로 관리하기 위한 가이드라인을 말씀드릴게요. 참고하여 아이가 자신만의 노하우를 만들 수 있도록 도와주세요. 그래야 학년이 올라갈수록 내신 관리를 안정적으로 할 수 있습니다.

• 학교의 문제 출제 경향을 정확히 파악하라

내신 관리의 정석은 교과서를 철저하게 분석하고 완벽하게 이해하는 것입니다. 내신은 학교 시험에서 거둔 성적으로 결정되고, 학교 시험은 교과서를 기준으로 출제되니까요. 그리고 평소 학교에서 나눠 주는 프린트물은 선생님들의 출제 성향을 파악할 수 있는 중요한 자료입니다. 그러니 거기에 실린 문제들은 전부 확실하게 이해하고 풀 수 있어야 합니다.

• 시간 분배를 철저히 하라

시험에서 가장 안타까운 상황은 안 풀리는 문제에 매달려 시간을 낭비하느라 아는 문제를 놓치는 것입니다. 이런 일을 방지하려면 평소 문제를 풀 때 각 문제에 적절하게 시간을 분배하는 연습을 철저히 해야 합니다. 잘 안 풀리거나 막힌 문제는 일단 과감하게 넘어가야 합니다. 여기서 미련을 버리지 못하면 뒤에 남은 문제들이 도미노처럼 영향을 받아 실수를 연발하게 되거나 충분히 풀 수 있는 문제를 놓쳐 버릴 확률이 커집니다.

예를 들어 제한 시간 45분 안에 객관식 17문제와 서술형 5문제를 풀어야 한다고 생각해 볼까요? 45분을 객관식 문제를 푸는 데 20분, 서술형 문제를 푸는 데 20분, 5분은 마무리 검토를 위한 시간으로 분배합니다. 그랬다면 객관식 17문제를 다 풀지 못했더라도 계획한 20분이 지난 후에는 서술형 문제로 넘어가야 합니다.

그런데 머리로는 이렇게 해야 된다는 걸 알면서도 실제로는 안 풀리는 문제를 붙들고 시간을 허비하는 경우가 많습니다. 특히 치열하게 순위 다툼을 하는 상위권 학생들은 한 문제라도 놓치면 치명적이기 때문에 더 집착하기도 하지요. 억지로 포기하고 넘어간다 하더라도 찝찝한 마음을 떨쳐 내지 못하면 남은 문제에 집중하기가 어려울 것입니다. 이런 마음을 컨트롤하는 것까지가 시간 분배 연습입니다. 분배한 시간대로 문제를 풀고, 검토까지 끝낸 후 남는 시간에 포기했던 문제를 돌아보는 패턴에 익숙해질 때까지 반복해서 연습해야 합니다.

• 흔들리지 않는 정신력, 성적에 대한 욕심

시험이 어려울수록 흔들리지 않고 차분하게 대처하는 자세와 시험을 잘 보겠다는 강한 의지가 필요합니다. 그래야 마지막까지 꼼꼼하게 마무리하여 실수를 줄이고 완벽함을 추구할 수 있으니까요. 지나친 욕심은 여러 가지 부작용을 낳지만 적절한 욕심은 성취욕을 불러일으키는 가장 좋은 자극제입니다. 그러니 평소 의지가 부족한 아이라면 적절한 방법을 찾아 성적에 대한 욕심을 심어 줄 필요도 있습니다.

• 수학 감각을 마지막까지 유지하라

시험을 수학 한 과목만 보는 학교는 없습니다. 공부해야 할 과목이 많으니 시험이 다가올수록 상대적으로 평소에 많이 공부하는 수학은 소홀히 하기가 쉽지요. 하지만 수학은 감각과 센스가 절대적으로 필요한 과목인 만큼 마지막까지 그것을 유지하는 것이 중요합니다. 시간을 많이 할애하라는 것이 아니라 매일 최소 5~10문제 정도는 꾸준히 풀면서 수학적인 감각을 유지하라는 뜻입니다.

• 오답 노트는 시간차를 두고 다시 볼 것

틀린 문제나 모르는 문제를 만나면 선생님의 설명이나 해설지를 참고해 오답 노트를 작성하겠지요. 막 노트를 작성했을 때는 그 문제를 잘 이해한 것처럼 느끼기 쉽습니다. 설명을 듣거나 본 기억이 아직 생생하니까요. 하지만 혼자 힘으로 풀 수 있다는 것을 확인하기 전까지 그 문제는 완전히 해결된 것이 아닙니다. 그래서 오답 노트에 적고 3일쯤 지난 뒤에 해당 문제를 다시 풀어 보는 과정이 꼭 필요합니다.

• 기본을 소홀히 하지 말 것

실수도 실력이라고 하지요. 변명의 여지가 없는 말입니다. 그런데 실수는 어렵고 힘든 문제보다 비교적 기본적인 것들에서 더 많이 나오는 편입니다. 쉽다고 방심하기 때문이지요. 하지만 실수로 쉬운 부분을 놓쳐 문제를 틀리는 것이, 어렵고 몰라서 문제를 틀리는 것보다 심리적으로 타격이 더 큽니다. 자책과 후회가 계속 남으니까요. 그래서 용어의 뜻부터 시작해 간단한 계산까지, 가장 기본적인 것들을 소홀히 하지 말고 꼼꼼하게 확인하는 습관이 중요합니다.

• 완벽한 만점은 수행평가로 완성된다

완벽하게 지필고사를 대비해 단 한 문제도 놓치지 않았더라도 만점을 못 받을 수 있습니다. 지필고사는 물론 수행평가 점수도 반영되기 때문이지요. 수행평가는 교사가 수업 시간에 학생의 과제 수행 과정과 결과를 직접 관찰하고 판단하는 제도입니다. 따라서 수행평가에서 점수를 잃지 않으려면 평소 수업을 열심히 듣고 학교 프린트물도 잘 관리하며 단원평가도 충실하게 임해야 합니다.

경시대회, 도전해 볼까요?

경시대회에 참가하는 일은 아이에게 여러모로 의미 있는 경험입니다. 학교 밖의 큰 세상을 느껴 보는 것만으로도 아이의 정신적 성장에 큰 도움이 되지요. 현재 초등학교 과정에서는 공식적인 시험이 없는데, 경시대회가 자신의 실력을 객관적으로 확인해 볼 수 있는 기회가 됩니다. 더 크고 깊은 수학의 세계를 접해 봄으로써 수학을 바라보는 눈이 새로워질 수도 있고 어려운 문제에 대한 내공을 미리 쌓을 수 있다는 장점도 있습니다.

하지만 경시대회 참가가 필수는 아닙니다. 아이가 인문 계열을 목표로 한다면 굳이 추천하지 않습니다. 자연 계열을 목표로 하는 아이라도 선행 진도가 늦은 편이고 공부할 시간이 부족하다면 참가하지 않는 게 낫습니다. 경험 삼아 도전해 보기에는 생각보다 시간과 노력이 많이 필요하고, 또 결과가 실망스러우면 자칫 아이에게 불필요한 좌절감만 안겨 줄 수도 있으니까요. 그렇다면 경시대회는 어떤 아이가 참가하면 좋을까요? 다음 질문에 대한 답을 생각하며 우리 아이와 경시대회와의 궁합을 파악해 보세요.

☑ **체크리스트**

○ 아이의 수학적 잠재력이 뛰어난가?

○ 아이의 장래 희망이 이공계 분야인가?

○ 아이가 문제에 대한 집착이 있는가?

○ 아이가 사고력 수학 교재를 즐겨 푸는가?

○ 아이가 새로운 지식을 습득하는 일을 좋아하는가?

이 다섯 가지 질문에 'yes!'라고 답하는 비율이 높을수록 수학에 재능과 흥미가 있는 아이입니다. 이런 성향의 아이는 경시대회에서 뚜렷한 성과를 얻을 확률이 높지요. 스스로 도전 욕구를 느끼고 성취감을 얻고 싶어 할 테니까요. 그렇다면 당연히 도전의 기회를 마련해 주는 것이 좋습니다.

팬데믹으로 인해 잠시 중단되었던 각종 경시대회가 속속 열리고 있습니다. 그중 가장 대표적인 대회는 대한수학회에서 주관하는 한국수학올림피아드 즉 KMO(Korean Mathematical Olympiad)입니다. 우리나라에서 치러지는 경시대회 중 가장 난이도가 높은 대회로, 조기에 수학 영재를 찾아 교육함으로써 우수한 과학자들을 배출하고 수학을 비롯한 기초 과학 및 공학의 발전에 기여하고자 하는 목적을 가지고 있지요. 학년별로 참가할 수 있는 대회는 다음과 같습니다.

KMO 종류			
대회	응시 학년	출제 범위	시험 시기
KJMO(주니어)	초4~중1	초등학교 전 과정과 중학교 1학년 과정	8월 말~9월 초
PKMO(중등부)	중학생	중학교 수준의 대수, 정수, 조합, 기하 문제	5월 말~6월 초
KMO(고등부)	고등학생	대수, 기하, 정수	1차 5월, 2차 11월, 최종 3월

이 중 초등학생이 참가할 수 있는 KJMO(주니어)는 PKMO(중등부)와 KMO(고등부)를 목표로 하는 학생들이 경험을 쌓기 위해 도전하는 경우가 많습니다. 가장 많은 학생들이 참가하는 대회는 PKMO(중등부)로, 대회를 준비하는 과정에서 학습하는 내용이 고등학교에서 내신 1등급을 안정적으로 받는 데 필수적이고, 좋은 성적을 거두면 과학고 같은 특목고나 영재학교 진학에 도움이 됩니다. 그러나 중등 과정 학습이 심화 수준까지 진행되어 있어야 도전할 수 있습니다.

KMO(고등부)는 국제수학올림피아드(IMO)에 참가할 학생을 선발하는 대회이기도 합니다. 난이도가 굉장히 높기 때문에 단기간의 대비로는 좋은 결과를 얻기 어렵습니다. 그에 비해 KJMO(주니어)와 PKMO(중등부)는 집중적인 노력을 통해서 성과를 노려 볼 수 있습니다.

이 밖에 다음과 같은 경시대회가 있습니다. 각 대회의 시행 시기는 대회 사정에 따라 바뀔 수 있으니 자세한 내용은 홈페이지를 참고하세요.

경시대회 종류			
대회	주최/주관	응시 학년	시험 시기
KMA 한국수학학력평가 (kma-e.com)	한국수학학력평가 연구원/에듀왕	초1~중3	상반기 6월, 하반기 11월
KMC 한국수학인증시험 (kmath.co.kr)	한국수학교육학회/ 한국수학교육평가원	초3~고3	예선 5월, 본선 6월
전국 영어·수학 학력경시대회 (test.edusky.co.kr)	글로벌 영재학회	수학 : 초1~고3 (영어 : 초3~고3)	4월
HME 전국 해법수학 학력평가 (hme.chunjae.co.kr)	천재교육/한국 학력평가 인증연구소	초1~중3	상반기 6월, 하반기 11월

수많은 수학 학원,
우리 아이에게 맞는 곳은?

    2022년 교육 시민 단체인 '사교육걱정없는세상'에서 전국 초중고등학교 학생, 학부모, 교사를 대상으로 실시한 수학 평가 설문 조사 결과를 밝혔습니다. 이 조사에서 수학을 포기하게 되는 가장 큰 이유로 '누적된 학습 결손'이 꼽혔습니다. 그렇다면 학습 결손이 시작되는 것은 언제일까요? 바로 초등 시기입니다. 같은 조사에서 초등학교 6학년의 75.8%가 '학교 수학 성적을 올리기 위해서 사교육이 필요하다'고 응답한 것을 보면 아이들 스스로도 혼자 공부하는 데 어려움을 많이 느끼고 있는 듯합니다.

    이러한 현실을 반영하듯 학원 관련 정보를 제공하는 한 전문 업체의 통계에 따르면 2023년 전국의 초등학생 대상 수학 학원의 수가 거의 삼만 개에 이른다고 합니다.

이렇게나 학원이 많은데 왜 엄마들은 늘 아이 학원 때문에 고민하는 것일까요? 그건 학원마다 교육 시스템에 차이가 있고 가르치는 강사의 성향이나 자질도 다 다른 만큼 최상의 결과를 얻기 위해서는 아이와 잘 맞는 곳을 선택해야 하기 때문입니다. 게다가 학원은 한번 선택하면 적어도 몇 달은 지켜보아야 그 성과를 알 수 있는 만큼 시간과 돈을 낭비하지 않으려면 등록 전에 충분한 사전 조사가 필요합니다. 그렇다면 수많은 수학 학원 중에서 어떻게 우리 아이와 맞는 곳을 찾을 수 있을까요?

먼저 학원을 선택할 때 간과하거나 실수하기 쉬운 부분부터 짚고 넘어가는 게 좋겠습니다. 첫째, 학원의 커리큘럼에만 기대다 보면 자기주도학습 능력이 약해질 수 있습니다. 이 부분이 학원의 가장 큰 단점이지요. 아무리 좋은 학원, 좋은 강사를 만나도 공부는 결국 아이가 스스로 해야 합니다. 자기 공부에서 주도권을 잃으면 절대 상위권이 될 수 없으니까요. 그러니 학원에만 의존하지 말고 자기주도학습의 비율을 20% 정도는 꾸준히 유지해야 합니다.

둘째, 우리 아이에게 맞는 수학 로드맵은 따로 있습니다. 아무리 유명한 학원, 실력 있는 강사라 하더라도 아이가 그리고 있는 학습 방향과 결이 맞지 않는다면 큰 도움이 되지 않겠지요. 대한민국 최고의 학원일지라도 아이 개개인에 꼭 맞추어 운영할 수는 없습니다. 그러니 먼저 아이의 꿈에 대한 의견을 나누고 그에 맞추어 중3까지의 로드맵을 그린 다음, 그 기준에 맞는 학원을 선택하는 것이 바른 순서입니다.

셋째, 학원은 친구들과 우정을 쌓으러 가는 곳이 아닙니다. 친구가 다니는 학원에 같이 다니고 싶어 하는 아이들이 많지요. 하지만 아이들도 알아야 합니다. 친구가 아무리 좋다고 해도 나 대신 공부를 해 주는 것도, 시험을 봐 주는 것도 아니라는 걸 말입니다. 그러니 학원 선택의 기준은 '내'가 최우선이어야 합니다. 자신에게 필요한 커리큘럼, 자신에게 도움이 되는 선생님이 있는 학원을 가야 한다는 사실을 아이에게 이해시켜 주세요.

외로움을 많이 타서 혼자인 걸 잘 못 견디는 아이는 친한 친구가 없는 학원을 힘들어할 수 있습니다. 하지만 궁극적으로는 그런 성향의 아이도 친구에게 계속 의존하는 대신 자립심을 길러야 합니다. 같은 학원을 다니지 않는다고 친구를 잃는 게 아니니까요. 또 학원에서 새 친구를 사귈 수도 있지요. 이런 점을 아이가 납득해야 한다는 것입니다.

이와 같은 내용들을 인지하고 있어야 학원을 보다 객관적으로 현명하게 선택할 수 있습니다. 그럼 이제 실제 학원을 선택할 때의 기준에 대해서 생각해 볼까요? 일반적으로는 다음과 같은 내용들을 생각하며 선택의 범위를 좁혀 볼 수 있습니다.

☑ 체크리스트

○ 실력 있고 좋은 '선생님'이 존재하는가?

○ 가정 소비 환경에 알맞은 '비용'인가?

○ 다니는 데 피로감을 느끼지 않을 정도의 적당한 '거리'인가?

○ 일상에 무리를 주지 않는 '수업 시간'인가?

○ 거부감을 주지 않을 정도의 '과제'를 주는가?

○ 학원의 평판이 좋고 '신뢰'를 가질 만한가?

○ 같은 반 학생들의 '수준'이 적당한 경쟁심을 느낄 정도인가?

좀 더 자세하게는 각 학년별로 다음과 같은 학원들을 추천합니다.

학년	추천 학원 형태
초1~2	- 연산 + 사고력 학원 - 독서 논술 학원
초3	- 사고력 + 교과 현행 학원 (또는 천천히 진행하는 교과 선행 학원) - 연산은 집에서 꾸준히 연습하기
초4	- 교과 선행 + 교과 현행(심화) 학원 - 초4부터는 심화 문제에 대한 노출 빈도를 높이기 (사고력 학원은 학생 일정을 반영하여, 학생이 원한다면 선택 가능) - 경시대회 대비를 희망하는 학생은 선행을 빠르게 진행하는 학원
초5	- 진행이 빠르고 심화 과정이 포함된 교과 학원 - 중등부가 탄탄한 학원 - 초5 과정은 모든 단원이 중요하므로 같은 단원, 심화 과정 주 1회 복습하기
초6	- 진행이 빠르고 심화 과정이 포함된 교과 학원 - 중등부가 탄탄한 학원 - 고등부가 있는 학원 (고등 과정을 잘 파악하고 있는 학원에서 선행을 진행하는 것이 유리)

학원	수업 횟수	1회 수업 시간	주 수업 시간	반 구성	교재
소*	1~2회	2~3시간	2~6시간	- 학생의 학습 단계에 따른 맞춤식 커리큘럼 구성 - 테스트 후 결과 분석을 통한 입학 레벨 결정	자체 교재
	입학 테스트		과제의 양	특징	
	- 예약제 - 평균 1시간 소요		1~2시간	- 다양한 생활 속 소재로 교구와 게임 등 활동을 통해 스스로 원리를 찾는 과정, 나아가 유연한 수학적 사고력을 가진 아이로 키워 주는 학원	

학원	수업 횟수	1회 수업 시간	주 수업 시간	반 구성	교재
황*	2회	2~4시간	4~8시간	- 중등 챌린지~중등 프라임 4단계 - 각 단계 18개월 구성(중등 챌린지는 13개월)	자체 교재
	입학 테스트		과제의 양	특징	
	- 총 40문항(문항당 배점 2.5점) - 난이도가 매우 높은 편		30~50 문제	- 수업은 1시간 50분이나, 수업 후 '미션'을 진행 (미션은 하루 110분까지 진행되며, 개념 탐구와 이해도를 확인하는 연습 문제로 구성)	

학원	수업 횟수	1회 수업 시간	주 수업 시간	반 구성	교재
CM*	1회	2시간	2시간	-교과부터 영역별, 사고력, 보드게임 등 다양한 강좌로 구성	- 시중 교재 - 자체 교재
	입학 테스트		과제의 양	특징	
	- 예약제 - 평균 1시간 소요(일반 테스트 기간이 따로 있음)		2~3시간	- 7세~초6 학습에 용이한 학원 - 영재학교, KMO 수업 등으로 명확히 나뉘어져 원하는 과정을 선택하기에 적합	

 그럼 실제 대치동 유명 학원들은 초등학생을 대상으로 어떻게 수업을 진행하고 있을까요? 위는 대표적인 학원들의 운영 방식입니다. 물론 학원

의 상황에 따라 내용이 수시로 변동될 수 있으니 대략 어떤 식으로 수업이 구성되어 있는지 큰 틀을 파악하는 데 참고하면 좋을 것 같습니다.

학원은 한 번 옮길 때마다 학습에 공백이 생길 수밖에 없습니다. 학원마다 학습하는 범위도 다르고 아이도 적응하는 데 시간이 걸리니까요. 그러니 심사숙고 끝에 결정을 내렸다면 다음 할 일은 그 선택을 믿고 지켜보는 것입니다. 물론 아무리 신중하게 선택한 곳이라 하더라도 아이와 맞지 않는다는 판단이 들면 조치를 취해야겠지요. 다만 그 판단을 일방적으로 혹은 성급하게 내리지는 않으셨으면 합니다. 학원과 충분히 소통하며 학습 상황을 살펴보고 혹시 문제가 있다면 원인을 찾아 개선하려는 노력을 해 보는 것이 먼저입니다. 아니면 학원을 옮길 때마다 비슷한 문제가 계속 발생할 수도 있으니까요.

2022년부터는 수능이 문·이과 통합형으로 치러지고 있습니다. 문과와 이과의 장점을 두루 갖춘 인재를 양성하기 위해서지요. 물론 이과에 문과적인 이해력을 더하는 것도 중요하지만 사실상 이 통합의 핵심적인 목적은 학생들의 수학 능력을 강화시키는 것입니다. 앞서 말씀드린 것처럼 디지털 기술을 바탕으로 하는 지식 정보화 시대를 살아갈 아이들에게 그 기반이 되는 수학적 소양은 필수이기 때문입니다. 수학의 중요성을 더 이상 어떻게 강조할 수 있을까요?

그런데 수학의 중요성을 계속 강조하고, 잘해야 한다는 생각만 하다 보면 잊기 쉬운 것이 있습니다. 수학을 잘하기 위해서는 수학을 좋아하는 것이 먼저라는 사실 말이지요. 공부는 결국 스스로 해야 하고 좋아하지 않는 것을 억지로 계속하는 데는 한계가 있으니까요. 그러니 수학을 포기하는 '수포자'가 되지 않으려면 수학을 좋아하는 '수호자'가 되어야 합니다. 그래서 처음으로 되돌아가 다시 당부드립니다. 수학은 알고 보면 꽤 재미있는 과목입니다. 아이가 그 사실을 깨달을 수 있도록 다양한 방법으로, 적극적으로 도와주세요.

3부
엄태욱 선생님의 튼튼 국어 전략

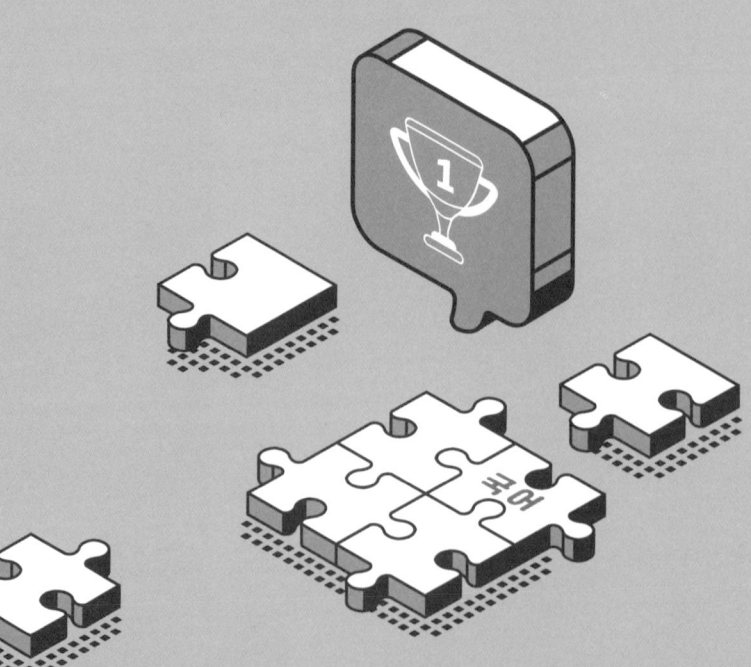

국어 공부의
기초, 이렇게
다 지 세 요

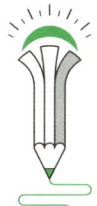

국어 공부, 독서만이 정답은 아니다

국어는 한 나라의 국민이 쓰는 말로, 하나의 과목이기 이전에 태어나는 순간부터 죽는 날까지 평생을 함께하는 삶의 양식입니다. 따라서 국어를 못 한다는 것은 있을 수 없는 일입니다. 만약 여러분께서 우리 아이의 국어가 부족하다고 느끼신다면, 그것은 언어로서의 국어가 아니라, 학습으로서의 국어, 문제 풀이로서의 국어를 이해하지 못했기 때문입니다. 따라서 우리 책은 《기본 튼튼 엄마표 입시》라는 제목으로, 아이의 학습과 관련된 내용을 중점으로 다루었습니다. 저는 오랫동안 대치동에서 활동한 국어 강사로서 입시를 위한 국어 공부에 대해 학습 방법과 방향을 구체적으로 다룰 예정입니다.

국어는 도구 과목입니다. 영어를 제외한 모든 과목이 국어로 내용을 설명하고 문제도 출제되지요. 심지어 영어도 내용 해석을 거치고 나면 그다음은 독해, 즉 국어의 영역입니다. 그래서 국어의 독해력은 모든 과목의 학습을 위한 가장 기초적인 능력이고, 국어 실력은 국어뿐만 아니라 다른 과목의 성적에도 큰 영향을 미치는 중요한 능력입니다. 얼핏 생각하면 국어와 가장 거리가 멀어 보이는 수학 문제를 한번 살펴볼까요?

27. 그림과 같이 $\overline{AB_1} = 1$, $\overline{B_1C_1} = 2$인 직사각형 $AB_1C_1D_1$이 있다. $\angle AD_1C_1$을 삼등분하는 두 직선이 선분 B_1C_1과 만나는 점 중 점 B_1에 가까운 점을 E_1, 점 C_1에 가까운 점을 F_1이라 하자. $\overline{E_1F_1} = \overline{F_1G_1}$, $\angle E_1F_1G_1 = \dfrac{\pi}{2}$이고 선분 AD_1과 선분 F_1G_1이 만나도록 점 G_1을 잡아 삼각형 $E_1F_1G_1$을 그린다.
선분 E_1D_1과 선분 F_1G_1이 만나는 점을 H_1이라 할 때, 두 삼각형 $G_1E_1H_1$, $H_1F_1D_1$로 만들어진 〰 모양의 도형에 색칠하여 얻은 그림을 R_1이라 하자.
그림 R_1에 선분 AB_1 위의 점 B_2, 선분 E_1G_1 위의 점 C_2, 선분 AD_1 위의 점 D_2와 점 A를 꼭짓점으로 하고 $\overline{AB_2} : \overline{B_2C_2} = 1 : 2$인 직사각형 $AB_2C_2D_2$를 그린다. 직사각형 $AB_2C_2D_2$에 그림 R_1을 얻은 것과 같은 방법으로 〰 모양의 도형을 그리고 색칠하여 얻은 그림을 R_2라 하자.
이와 같은 과정을 계속하여 n번째 얻은 그림 R_n에 색칠되어 있는 부분의 넓이를 S_n이라 할 때, $\lim\limits_{n \to \infty} S_n$의 값은? [3점]

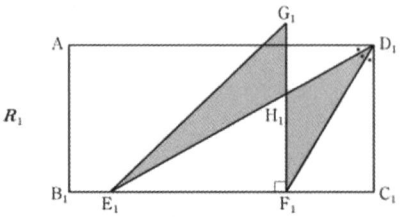

이런 긴 지문의 문제를 풀이하려면 우선 독해가 이루어져야 합니다. 수학뿐만이 아닙니다. 학년이 높아지면 다른 과목에서도 만만치 않은 길이의 문제들이 출제되지요. 그래서 독해력의 중요성을 이야기하는 것입니다. 게다가 수험생의 멘털 관리 측면에서도 국어는 중요한 역할을 합니다. 수능에서는 항상 국어가 1교시니까요. 1교시부터 시험을 제대로 치르지 못해 멘털이 흔들리면 뒤에 남은 과목들의 문제를 풀 때도 집중력이 떨어져 타격을 받는 경우가 많습니다. 그런데 문제는 국어 과목은 아무리 열심히 공부해도 제대로 된 방법을 모르면 실력을 올리기가 어렵다는 것이지요. 그래서 수험생을 둔 학부모 사이에서는 이런 말이 있습니다.

'집을 팔아도 국어 성적은 못 올린다'

국어는 공부를 해도 4등급, 안 해도 4등급이라고도 합니다. 이는 국어를 잘하려면 타고난 언어 감각이 있어야 한다는 인식을 담고 있습니다. 후천적인 노력으로는 한계가 있다는 의미로도 해석되지요. 그런데 정말 그럴까요? 이런 말들은 반은 맞고 반은 틀렸습니다. 수능을 코앞에 둔 고등학교 3학년이 되어서야 부랴부랴 국어 공부에 열을 올리는 학생들이 많습니다. 영어, 수학 같은 과목에만 집중하다 보니 뒤늦게 국어 성적에 문제가 발생하는 겁니다. 이런 학생들에게는 맞는 말입니다.

고3은 이미 때가 많이 늦어 제아무리 대단한 명강사의 족집게 강의로도 큰 효과를 보기 어려우니까요. 하지만 일찍부터 차근차근 국어를 공부해 온 학생들에게는 틀린 말입니다. 앞으로 어떻게 공부하느냐에 따라 국어 성적은 얼마든지 좋아질 가능성이 있습니다.

그런데 왜 많은 학생이 고등학생이 될 때까지 국어 공부를 미루는 것일까요? 이는 국어가 모국어라는 데 함정이 있습니다. 너무 익숙하다는 것이지요. 잘 읽고 잘 쓰기 때문에 무엇이 문제인지 느끼기가 어렵습니다. 게다가 중학교 때까지는 절대평가이기 때문에 실력이 크게 변별되지 않아 대부분 방심을 하고 국어 공부에 크게 시간을 투자하지 않습니다. 그런데 고등 국어는 중등 국어에 비해 수준도 확 높아지는 데다 상대평가로 등급을 매깁니다. 많은 학생이 그제야 비로소 자신이 받아 든 국어 성적에 당황하기 시작하지요. 더 당황스러운 것은 막상 공부를 시작했는데도 성적이 생각만큼 잘 오르지 않는다는 사실입니다. 이유가 무엇일까요?

우선은 정확히 무엇을 어떻게 공부해야 할지 모른다는 게 문제입니다. 이때 제일 흔히 하는 착각이 '국어를 잘하려면 책을 많이 읽어야 한다'는 것입니다. '책을 많이 읽게 해서 교양도 쌓고 국어 성적도 올리고 두 마리 토끼를 다 잡아야지' 생각하시지요. 물론 독서는 폭넓은 지식

습득과 정서 함양 등을 위해 꼭 필요한 활동입니다. 하지만 국어 성적과의 직접적인 연관성은 생각보다 높지 않습니다. 사람이 죽을 때까지 놓지 말아야 하는 지적 활동임은 분명하지만, 국어 성적을 올리기 위한 정답이 독서만은 아니라는 것이지요.

독서를 통해 글에 익숙해지면 국어 문제를 풀 때 긴 지문 앞에서 느끼는 거부감이나 부담감은 줄어들 수 있습니다. 그러나 다시 한번 말하지만 독서량과 국어 성적이 반드시 비례하는 것은 아닙니다. 왜냐하면 책 읽기와 문제 풀이는 '글을 읽는다'는 행위가 동일할 뿐 글을 읽는 목적부터 글을 읽는 방향까지 다른 부분이 많기 때문이지요. 그래서 평소 독서를 즐기고 많이 하는 학생임에도 불구하고 국어 성적이 잘 나오지 않는 경우를 어렵지 않게 볼 수 있습니다.

아이들은 보통 재미로 책을 읽습니다. 혹은 아무 생각 없이 단지 표지나 제목 또는 등장인물이 마음에 들어 책을 펼쳐 들 수도 있습니다. 그러면서 상상력을 키우고, 교양을 쌓고, 자아를 성장시키는 것이 책 읽기의 일반적인 목적이고요. 그러니 책은 재미있게 읽으면 그걸로 충분합니다. 내용을 이해하고 그것을 자기 방식대로 해석하고 받아들여도 괜찮다는 뜻입니다. 한마디로 책 읽기는 자기만족을 위한 행위라고 할 수 있지요.

하지만 문제 풀이는 다릅니다. 문제를 풀기 위해서는 주어진 글을 반드시 읽어야 하므로 읽는 동기를 따지는 것은 의미가 없습니다. 대신 목적을 뚜렷이 기억해야 하지요. 국어 문제를 푸는 이유는 좋은 점수를 받는 것이고, 목표하는 점수를 얻어 원하는 대학에 진학하기 위해서입니다. 그러므로 내용을 자기 마음대로 생각하고 해석하면 곤란합니다. 그 문제를 출제하고 점수를 매기는 사람을 만족시켜야 하기 때문에 객관적인 시선으로 글 속에 주어진 정보를 파악해야 합니다. 아래 표를 보면 책 읽기와 문제 풀이의 차이점을 쉽게 이해할 수 있을 것입니다.

	책 읽기	문제 풀이
동기	없음 or 재미와 흥미	없음
목적	교양, 자아 성장	점수 획득, 대학 입학
방향	자기만족	타인 만족(채점자 등)
성격	주관적 글 읽기	객관적 글 읽기
이해	내용 중심	정보 중심

이렇게 글을 읽는 목적부터 이해해야 하는 내용까지 다 다르니 재미를 위한 책 읽기가 국어 성적을 올리기 위한 정답은 아니라고 말하는 겁니다. 수십 권의 〈해리 포터〉 시리즈를 흥미진진하게 읽은 아이들이 '윙가르디움 레비오사!' 같은 마법 주문은 중얼거리면서도 은유법이나 직유법 같은 국어의 비유법 등은 저절로 배우지 못한다는 사실을 생각해

보세요. 문제 풀이는 책 읽기와 동기가 다르기 때문에 목적을 더 뚜렷하게 해야 합니다. 목적이 다르니 마음가짐도 달라야 하고요. 방향이 다르니 시선을 달리해야 합니다. 성격이 다르니 태도도 달라야 하고, 이해가 다르니 방법이 달라야 합니다. 문제를 풀기 위해 필요한 독해력은 따로 있습니다. 그 독해력은 단순히 책을 읽기만 한다고 길러지는 것이 아니라 '공부'를 해서 제대로 원리를 알고 열심히 '연습'을 해야 길러지는 것이고요.

보태어 말씀드리면 제대로 공부하고 연습한 최상위권 아이들의 문제 풀이는 일반적인 문제 풀이와는 또 다른 차이가 있습니다. 처음부터 달랐던 게 아니라 실력을 쌓으며 달라진 것이지요.

	최상위권 문제 풀이
동기	흥미
목적	자아 성장 + 점수 획득
방향	자기만족 + 타인 만족
성격	주관 속에 객관적 글 읽기

책 읽기와 문제 풀이는 다르다는 것을 보여 주는 예가 있습니다. 머릿속에 들어 있는 배경지식을 활용하는 것이 문제 풀이에서는 득이 아니라 독이 될 때도 있지요. 2019학년도 3월 전국연합학력평가에서 출제되었던 지문을 예로 들어 생각해 볼까요?

> 주식회사는 오늘날 회사 기업의 전형이라고 할 수 있다. 이는 주식회사가 다른 유형의 회사보다 뛰어난 자본 조달력을 가지고 있기 때문인데, 주식회사의 자본 조달은 자본금, 주식, 유한책임이라는 주식회사의 본질적 요소와 관련된다.

'주식회사'에 대해서 이야기하고 있는 지문입니다. 그렇다면 주식회사는 뭘까요? 주식회사에 대한 배경지식이 있는 학생들은 무심결에 '주주들로 이루어진 회사가 주식회사지'라고 생각하기 쉽습니다. 하지만 이 지문과 연관된 문제를 풀 때 필요한 내용은 글에 주어진 '주식회사는 오늘날 회사 기업의 전형'이라는 부분입니다. 이처럼 답을 맞히는 데 필요한 배경지식은 이미 지문 속에 있는데, 그것을 파악하려 하지 않고 자신이 이미 알고 있는 내용을 기준으로 생각하다 오히려 실수할 수 있다는 것입니다.

다른 건 몰라도 어휘력을 키우기 위한 정답은 독서라고 생각할 수도 있습니다. 그런데 어휘력도 마찬가지입니다. 책을 많이 읽어서 어휘력이 풍부하다는 아이와 평범한 수준의 아이가 알고 있는 단어는 보통 150~200개 정도밖에 차이가 나지 않으니까요. 이 정도 차이로 국어 성적이 결정되진 않습니다. 그리고 수능 문제를 푸는 데 필요한 어휘는 학교에서 배우는 학습 과정을 통해 접하고 익히기 때문에 단어 뜻을 몰라서 틀리는 경우는 거의 없습니다.

더 중요한 건 책을 통해 다양한 어휘를 접한다고 무조건 어휘력이 길러지는 것도 아니라는 사실입니다. 국어의 새 단어를 익히는 것은 영어 단어를 외우는 것보다 훨씬 더 어렵습니다. 국어는 모국어라 굳이 새 단어를 익히지 않더라도 원하는 것을 표현할 수 있는 쉽고 익숙한 말이 존재하기 때문입니다. 그래서 평소에 쓰던 표현을 습관적으로 계속 쓰고, 결과적으로 새 단어가 자신의 어휘로 수용되기 어려운 것입니다. 책에서 새로운 어휘를 접했다고 해서 그 단어가 곧바로 어휘력 상승으로 이어지지 않습니다. 중요한 어휘는 영어 단어를 익히듯 단어장을 만들어 기록하고 다양하게 활용하는 노력을 기울여야 합니다. 그래야 비로소 온전한 내 것이 되지요.

고등 과정에서는 국어 성적을 올리는 방법으로 독서를 꼽기 어렵지만, 초등 과정에서는 책 읽기가 국어 공부에 많은 도움이 됩니다. 말하기, 읽기, 쓰기 등 국어의 기초를 익히는 과정이니까요. 중등 과정에서도 초등학생 때만큼은 아니지만 어느 정도 도움이 됩니다. 하지만 고등 과정에서 국어 성적을 올리고 싶다면 책을 읽을 게 아니라 공부를 해야 합니다. 국어 성적이 잘 나오지 않는다고 해서 국어 문제를 풀 능력이 떨어지는 것은 아닙니다. 국어를 읽고 쓰는 데 문제가 없는 이상 기본적인 능력은 갖춘 것이니까요. 다만 문제 풀이 습관이나 문제를 바라보는 관점, 문제를 해석하는 태도가 올바르지 않을 뿐이지요. 그래서 저는 항상 말합니다. '국어는 능력으로 푸는 것이 아니라 태도로 푸는 것이다' 바로 이 '태도'를 바로잡는 훈련을 해야 국어 성적이 오릅니다.

다시 한번 반복하지요.
'국어는 능력이 아니라 태도다'

그런데 이 훈련은 단시간에 완료할 수 있는 게 아니라, 시간을 들여 오래 노력해야 성과를 볼 수 있습니다. 국어는 태어나면서 듣고 자란 모국어라서 이미 사용 습관이 몸에 배어 굳어져 있습니다. 그걸 바꾸는 게 쉬울 리가 없지요. 비교하자면 여태껏 왼손잡이로 살아온 아이에게 억지로 오른손을 쓰게 하는 것만큼이나 어려운 일입니다. 몇 번 연습했다고 기존의 오래된 습관이 바로 고쳐질 리 있나요. 이제 왜 고3 때 시작하는 국어 공부가 효과가 없는지 이해하셨을 것입니다. 국어 문제를 대하는 올바른 '태도'를 체화할 시간이 충분하지 않기 때문이지요.

그래서 일찍부터 국어 공부에 시간을 투자하는 것이 중요합니다. 정확히 말하면 국어 학습 태도 형성에 꾸준한 투자를 해야 합니다. 국어는 절대 단시간에 점수를 올릴 수 있는 과목이 아닙니다. 대신 공들여 쌓아 올린 실력이 한꺼번에 무너지는 일도 없지요. 국어를 차근차근 제대로 공부한 아이들은 시험이 아무리 어렵게 나와도 일정 수준 이하로 성적이 떨어지는 일이 드뭅니다. 그러니 초등 시기부터 아이의 국어 기초를 튼튼하게 쌓아 주세요. 그 기초를 바탕으로 중3 늦어도 고1부터는 수능 국어를 접하며 본격적으로 국어 문제를 푸는 올바른 태도를 만드는 것이 뒤늦게 국어 때문에 후회하지 않는 방법입니다.

유초등 국어 학습, 성장 단계를 고려하라

엄밀히 따지면 아이는 태어나는 순간부터 이미 국어를 배우고 있습니다. 엄마 아빠의 말을 듣는 것부터가 국어 공부의 시작이니까요. 모국어는 주변의 말을 들으며 귀가 열리고, 들은 것을 따라 하며 공부라는 자각 없이 자연스럽게 습득됩니다. 초등 시기는 이런 자연 습득의 단계를 지나 좀 더 체계적이고 깊이 있는 국어를 익히기 위한 '학습'이 본격적으로 시작되는 때이지요. 이 전환은 아이의 발달 단계에 맞추어 자연스럽게 이루어지는 것이 좋습니다. 성장기 아이에게 균형 있는 신체 발달을 도울 수 있는 체육 활동을 시키되 몸에 무리가 가지 않도록 배려하는 것과 마찬가지입니다. 학습도 아이의 정신적인 성장 상태를 배려하여 이루어져야 한다는 것이지요.

그럼 초등 시기의 아이들은 어떤 발달 단계를 거치고 있을까요. 저학년 아이들은 아직 사고가 원초적이고 자연적입니다. 이성보다는 본능이 강한 상태라는 것이지요. 그래서 아이들의 본능을 적절히 자극하고 이용하는 방법으로 학습을 유도하면 좋습니다. 따라서 초등 저학년 때에는 사실 아이의 학습에 앞서 학부모가 적절한 학습법을 배우는 것이 먼저라고 할 수 있습니다. 그렇게 시작해서 학년이 올라갈수록 서서히 본능적인 존재에서 벗어나 이성적인 존재로 거듭나기 위한 방향으로 학습을 진행하는 것이지요. 자연 상태의 욕망과 충동을 억제하는 법을 익히고 궁극적으로는 스스로 자신의 학습을 이끄는 자기주도학습을 실현할 수 있도록 이끌어야 합니다. 이 과정을 좀 더 구체적으로 생각해 보겠습니다.

유아~초등 저학년 국어 학습

• 놀이와 공부를 분리해서 생각하지 마세요

아이들은 초등 저학년 시기까지 놀이와 학습을 구분할 능력이 부족합니다. 어른들이 '공부'를 시키고 있다고 생각하는 순간도 아이들은 대부분 '놀이'로 인식한다는 뜻입니다. 노래를 부르며 영어 단어를 배우는 순간도, 숫자를 더하고 빼며 셈을 하는 순간도 대부분 학습이라는 자각 없이 놀이의 연장선으로 느끼고 행동하지요. 그래서 이 시기의 초등 교육은 놀이가 전부라고 해도 과언이 아닙니다. 노는 것 자체가 교육이라 학교에 가서 열심히 놀다가만 와도 학습은 충분하다고 할 수 있습니다. 이런 상태에 있는 아이들에게 놀이와 학습을 굳이 구분 지어 줄 필요는 없습니다. 아니 오히려 구분하려는 순간 거부감을 느끼고 학습에서 멀어지기 쉽습니다. 재미가 없고 하기 싫어지니까요. 처음엔 놀이인 줄 알았는데, 알고 보니 학습이더라. 이런 생각이 들 때 아이는 부모에게 배신감을 느낍니다.

예를 들어 집에서 놀고 있는 초등학교 1학년 자녀에게 이렇게 말한다고 생각해 보세요.

"너 오늘 숙제 줄넘기 20번이라고 하지 않았어? 빨리 숙제해야지."

당장 아이의 표정부터 변할 것입니다. '숙제'라는 말을 듣는 순간 멀쩡하던 배가 갑자기 살살 아픈 것 같고, 숙제를 미룰 온갖 핑계가 머릿속에 떠다닐지도 모릅니다. 대신 이렇게 말한다면 어떨까요.

"저녁 먹고 배부른데 우리 놀이터에 가서 잠깐 놀다 들어올까?"

나가는 김에 줄넘기도 슬쩍 챙기는 것이지요. 놀이터에서 이것저것 하고 놀다가 자연스럽게 줄넘기를 건네며 물어봅니다.

"줄넘기 할 수 있어? 몇 번이나 할 수 있는데?"

스무 번이 문제일까요. 이런 식으로 유도하고 "우아, 잘한다!" 칭찬하면 아이는 아마 백 번도 신이 나서 할 것입니다. '숙제'가 아니라 '놀이'고, 아이들은 천성적으로 놀이에 대한 욕구가 강하니까요. 같은 행위도 개념을 어떻게 인식하느냐에 따라 이렇게 아이의 반응이 달라지는 것이지요. 그래서 저는 실제로 초등학교 1학년인 조카를 데리고 자주 이렇게 놀았습니다. 억지로 앉혀 놓고 'ㄱ, ㄴ'을 가르치는 대신 "너 삼촌 이름 쓸 줄 알아? 모르지?" 하면서 놀림 섞인 목소리로 물어보면 당장 "알거든!" 하면서 노트와 연필을 가지고 거실 바닥에 철퍼덕 엎어지곤 했지요.

이처럼 공부도 놀이와 자연스럽게 이어지는 것이 좋습니다. 생활과 분리되지 않아야 한다는 뜻이지요. 국어는 우리의 모국어고 국어와 관련된 콘텐츠는 주변에 널려 있으니 조금만 궁리하면 얼마든지 아이와 재미있게 '놀 수' 있습니다. 아이에게 한글을 가르칠 때 학습 교재만 사용하시나요? TV 리모컨, 컴퓨터 자판, 핸드폰 등 주변에서 흔히 볼 수 있는 것들을 이용해 아이의 흥미를 끌어 보세요. 책상 앞에 앉아 공부하지 않더라도 아이와 함께 TV 리모컨을 가지고 자음과 모음을 조합하여 단어를 만들어 보고 싶은 프로그램을 검색하거나, 핸드폰으로 간단한 메시지를 주고받는 등의 활동을 통해 자연스럽게 한글을 익힐 수 있습니다. 주변에 보이는 간판, 외식할 때 펼쳐 드는 메뉴판, 아이가 갖고 싶어 하는 장난감이나 먹고 싶은 과자의 이름 등도 얼마든지 읽기 교재가 될 수 있지요.

이때 중요한 것은 흥미를 보상 체계로 환원하는 것입니다. 아이가 어떤 일에 흥미를 보이고 그것을 잘 해냈을 때 아낌없는 칭찬이나 기타 적절한 보상으로 아이의 행동을 격려해야 된다는 뜻입니다. 자신이 흥미를 보이는 것에 부모가 관심을 가져 주고 믿어 줄 때 아이들은 자존감이 올라가고 하고자 하는 의욕이 강해집니다. 그 자체로 동기 부여가 되는 것이지요. 이 시기의 아이들에게는 학습 의지를 다지고 자신의 꿈을 찾아가게 해 주는 동기 부여가 가장 중요한 학습 요소라고 할 수 있습니다.

- **평가에 집착하지 마세요**

초등학교 1학년 국어 교과서에는 '좋겠다'라는 동시가 실려 있습니다. 그리고 그다음 쪽에는 '좋겠다'라는 말을 넣어 문장을 만드는 활동을 합니다. 주변에서 '좋겠다'라고 생각한 물건이나 사람을 떠올려서 문장을 만들고 그 이유를 말해 보는 활동인데, 여기에는 맞고 틀리고가 없습니다.

'주말에 비가 안 왔으면 좋겠다. 놀이공원에 놀러 가야 하니까' '우리 집 강아지는 좋겠다. 내가 매일매일 맛있는 간식을 주니까'

이렇게 그냥 자신이 느끼고 생각한 것을 표현하면 되지요. 단순하면 어떻고 말도 안 되는 엉뚱한 소리면 또 어떻습니까. 뭔가 멋진 표현, 새로운 표현, 완벽한 문장을 만들어야만 하는 것은 아닙니다. 하지만 많은 부모님들은 그런 것을 기대하지요. 잘했다 잘못했다 평가를 하려고 하고 개선 방법을 찾으려고 합니다. 그래서 주로 선택하는 방법이 아이를 논술 학원에 보내거나 문제집을 많이 풀게 하는 것입니다.

하지만 저는 초등 저학년까지는 그렇게 인위적인 학습을 권하고 싶지 않습니다. 국어는 한 단원 한 단원이 매우 독립적입니다. 앞선 단원과 큰 연결성을 가지지 않지요. 특히 초등 단계에서는 더욱 그렇습니다. 그래서 한 단원의 문제를 집중적으로 풀 경우 그 단원에 대한 문제는 잘 풀지만 다른 단원에 대한 문제는 잘 못 푸는 경우가 많습니다. 그렇다고 초조해할 필요 없습니다. 사실 초등학교 1~2학년까지는 문제집을 전혀 풀지 않아도 이후의 학습에 지장이 없습니다. 오히려 너무 일찍부터 문제집으로 아이들의 사고를 가두려고 하지 않으셨으면 좋겠습니다.

맞춤법도 너무 예민하게 볼 필요 없습니다. 막 국어 공부를 시작한 아이가 맞춤법을 틀리는 건 자연스러운 일이니까요. 부모님도 어릴 적을 떠올려 보세요. 시작부터 완벽한 맞춤법을 구사하는 사람은 없습니다. 처음엔 서투르더라도 하나씩 바로잡으며 차츰 나아질 것입니다. 단

글씨는 바르게 쓸 수 있도록 지도하면 좋습니다. 반듯한 글씨는 선생님에게 칭찬받을 수 있는 확실한 포인트입니다. 그리고 선생님의 칭찬만큼 아이의 자존감을 올려 주는 것도 없지요. 자존감은 아이의 학습 의지를 떠받치는 가장 큰 기둥이라는 것을 잊지 마세요. 게다가 글씨를 보기 좋게 쓰는 습관은 수행평가 등 손으로 글씨를 써야 할 일이 있을 때마다 두고두고 도움이 됩니다.

- **독후감은 NO, 독후 활동은 YES!**

유초등 시기의 아이들에게 독서는 지적·정서적 발달에 큰 영향을 미치는 중요한 활동입니다. 그래서 아이가 독서를 통해 좀 더 많은 것을 얻기를 바라는 마음에 책 읽기를 강조하고, 거기에 책을 읽을 때마다 독후감을 쓰게 하는 부모님도 계시지요. 하지만 이 시기에 독후감까지는 무리일 수 있습니다. 자칫 독후감 때문에 독서 자체를 부담스러워하고 싫어하게 될 수도 있으니 독후감 대신 함께 독후 활동을 해 보는 건 어떨까요.

책을 처음부터 끝까지 한 번에 읽는 대신 챕터별로 나눠서 읽고 아이가 읽은 부분까지의 느낌을 이야기하거나 다음 내용을 예측해 보게 하는 것이지요. 이렇게 하면 읽은 내용에 대해 더 많이 생각해 볼 수 있고 다음 챕터도 더 흥미진진하게 읽을 수 있습니다. 독해력도 빠르게 상승

하지요. 이와 같은 과정에서 아이가 하는 이야기를 엄마가 기록해 두었다가 책을 다 읽은 후에 그 내용을 인쇄해서 아이에게 보여 주세요. 이는 아이가 한 말을 엮은 것이니 아이가 쓴 글이나 다름없습니다. 이런 과정을 반복하면 아이는 점차 자신의 생각을 스스로 글로 옮길 수 있게 될 것입니다. 이게 바로 쓰기 훈련의 시작입니다. 그 자리에서 바로바로 메모하는 게 어렵다면 아이와 책을 읽고 대화하는 모습을 핸드폰으로 녹음하거나 동영상으로 찍어 두었다가 따로 정리하는 것도 괜찮습니다. 책 속에 등장한 장소, 풍경, 상황 등을 현실 세계에서 찾아서 함께 가 보세요. 아이의 상상력과 실천 능력이 향상됩니다.

초등 고학년 국어 학습

• 풍부한 지적 자극이 필요해요

초등 고학년으로 접어들면 아이들은 세상과 나를 구분하기 시작합니다. 자아가 강해지기 시작하고 세상에 대한 호기심이 폭발하지요. 이 시기는 지적 자극이 절대적으로 필요한 단계입니다. 이제 마냥 어린아이 취급을 해서는 곤란한 때가 온 것이지요. 그래서 아이가 접하는 콘텐츠의 수준을 전반적으로 높여 줄 필요가 있습니다. 예를 들어 초등학생이라고 해서 동시만 읽게 하지 말고 '중고등학생이 읽어야 할 시 100선' 같은 것들을 한번 접하게 한다거나 성인들이 읽는 시를 보여 주어도 괜찮습니다. 조금 어렵다고 느낄 수도 있겠지요. 하지만 그런 것들을 읽을 수 있을 정도로 성숙한 존재로 대우받고 있다는 생각에 자부심이 생겨 더욱 열심히 이해해 보려 노력하는 계기가 될 수도 있습니다.

인스타그램, 페이스북 같은 SNS를 만들어 활동하는 것도 지적 자극을 받는 하나의 방법입니다. 사진이나 글, 짧은 동영상 등을 게시하고 그에 대한 사람들의 피드백을 경험하며 책이나 여타 다른 활동으로는 느낄 수 없는 새로운 자극을 얻을 수 있기 때문입니다. 물론 SNS의 부정적 영향이 걱정될 수도 있습니다. 하지만 이미 친구들은 SNS를 만들어 소통하고 있는데 혼자만 안 하는 것도 또래 집단을 중요하게 여기는 시기에 소외감 등 부정적 감정을 느끼며 문제가 될 수도 있습니다. 그러니 SNS 활동 자체를 무조건 막기보다는 그 의미를 잘 알고 사용 시간을 적절히 하는 등 올바르게 이용할 수 있도록 도와주는 게 좋습니다.

• 집중력 훈련을 시작하세요

수능 국어의 시험 시간은 보통 80분입니다. 이 시간 동안 아이들의 집중력이 얼마나 지속될까요? 채 10분을 넘기지 못하는 아이들이 많으니 평균 6번 이상은 집중력이 흐트러진다고 보아야 합니다. 귀중한 시험 시간을 6~8분은 허비하는 것이지요. 이 시간 동안 한두 문제만 놓쳐도 10점 내외의 점수가 왔다 갔다 합니다. 이 얼마나 아까운 점수인가요. 그래서 필요한 것이 집중력 훈련입니다. 집중력은 중요성을 깨닫고 노력한다고 해서 단시간에 길러지지 않으니 초등 시기부터 훈련을 시작하여 조금씩 집중하는 시간을 늘려 나가는 게 가장 이상적입니다.

집중력 훈련은 방학 기간처럼 시간적 여유가 있을 때 시작하는 게 좋습니다. 처음에는 15분 정도로 시작하는 게 적당합니다. 꼭 국어 공부가 아니어도 괜찮습니다. 15분 동안 아이가 전심전력을 다해 집중력을 발휘하게 하세요. 그런 다음 아이가 최선을 다해 집중했다고 이야기하면 보상을 해 주는 것입니다. 그런데 사실 아이가 그냥 책상에 멍하니 앉아만 있었는지 진짜로 집중하려고 노력했는지는 겉으로 보아서는 알 길이 없습니다.

이럴 때 필요한 것이 '믿음'입니다. 집중력이 얼마나 중요한지 왜 훈련이 필요한지를 충분히 설명한 후, 훈련을 시작한 다음에는 아이의 말을 믿어야 합니다. 아이가 15분 동안 최선을 다해 집중했다고 말하면 그런 것이지요. 아이는 부모의 믿음 속에서 성장한다는 사실을 기억하세요. 15분 집중한 대가로 30분, 아니 그 이상을 놀고 싶다고 말할 수도 있습니다. 그 역시 괜찮습니다. 초등학교 때까지는 잘 노는 것도 중요한 시기니까요. 집중력 훈련을 하다 보면 그 과정 속에서 아이 스스로 효과를 체감하게 되는 순간이 올 것입니다. 그러면 아이의 학습 태도에도 변화가 생기겠지요. 그 변화를 지켜보며 조금씩 조금씩 집중하는 시간을 늘려 주세요.

요즘 고등학생들 중에는 '순공 시간'을 중요하게 생각하는 아이들이 많습니다. 타이머로 화장실 가는 시간까지 체크해 가며 '순수하게 공부하는 시간'의 양을 따지는 것이지요. 하지만 아무리 책상 앞에 길게 앉아 있어도 집중하지 않으면 아무 소용이 없습니다. 그저 오래 공부했다는 착각으로 스스로를 만족시킬 뿐이지요. 공부는 '길게' 하는 것보다 '집중해서' 하는 것이 훨씬 중요합니다. 그 단순한 사실을 아이가 일찍부터 깨닫게 해 주세요.

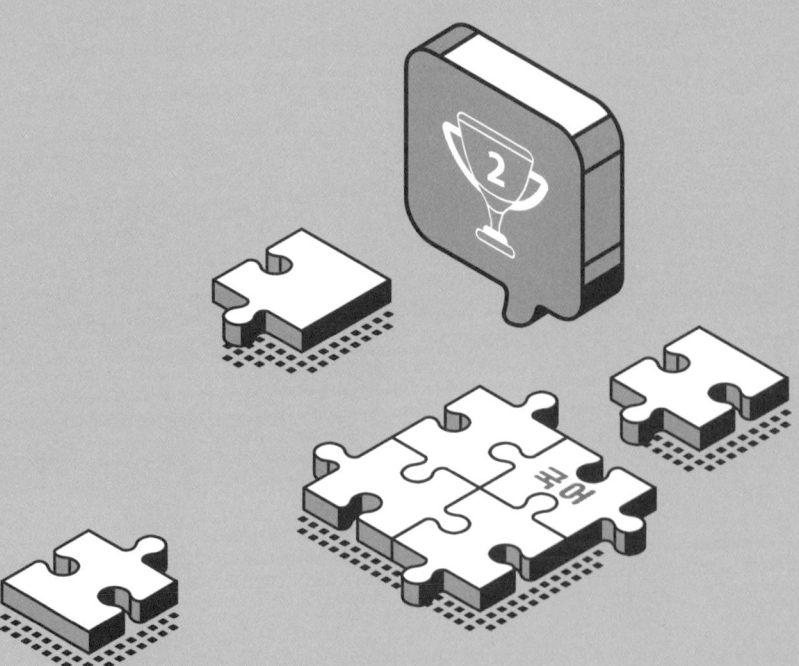

초등부터
준비하는
수능 국어

국어 1등급을 위한 시작

중등 국어와 고등 국어는 난이도의 차이가 큽니다. 지문이 길어지는 것뿐만 아니라 수준도 확 높아지지요. 대부분의 학생에게 국어는 어려운 과목이 되어 버립니다. 게다가 어떻게 공부해야 성적이 오르는지 정확히 알지 못합니다. 그러니 세상에는 두 종류의 학생이 있을 뿐입니다.

하나, 어렵지만 그래도 문제를 풀려고 '노력'하는 학생

둘, 어렵기 때문에 문제 풀기를 '포기'하는 학생

언어는 살면서 만들어 온 습관이자 삶입니다. 즉 국어는 타고나는 능력보다 태도가 중요하다고 할 수 있지요. 태도가 바뀌지 않으면 성적도

바뀌지 않습니다. 국어 1등급은 1등급의 능력을 타고난 학생이 아니라 1등급의 태도를 지닌 학생이 받을 수 있습니다. 학교에서 수업을 들으며 정규 교과 과정을 학습할 수 있는 수준이면 이미 1등급을 받을 수 있는 능력은 갖춘 셈입니다. 그렇다면 1등급의 태도는 무엇일까요? 저는 끝까지 포기하지 않는 태도, 정답을 집요하게 찾으려는 태도 그리고 수능을 일찍부터 준비하려는 태도를 꼽습니다.

학생이 푼 시험지만 봐도 어떤 태도를 가지고 있는지 어느 정도 알 수 있습니다. 아래 시험지의 주인은 주제와 키워드를 찾아 밑줄을 긋고, 완벽하게 끊어 읽으며, 삼색 볼펜을 활용하여 공부하고 있습니다. 이렇게 문제를 푸는 학생은 지는 것을 싫어하고, 납득이 되지 않으면 쉽게 넘어가지 않고, 기복이 적고 안정적이어서 시험에서 실수가 적고, 학습 효율

성이 높을 확률이 큽니다. 끈기가 있고 자존감이 높은 학생일 것이라고 추측해 볼 수 있지요.

학생의 시험지에서 찾은 좋은 태도의 근거인 주제 찾기와 끊어 읽기는 그 중요성과 방법에 대해 뒤에서 자세히 다룰 예정입니다. 나머지 하나는 삼색 볼펜 활용인데, 저는 '삼색 볼펜 공부법'을 국어 영역 공부 비법의 하나로 꼽고 있습니다.

• 삼색 볼펜 공부법

초등에서 중등, 중등에서 고등 국어로 갈수록 지문이 굉장히 길어집니다. 그에 따라 긴 지문을 단순화하고 문단별 주제와 키워드를 찾는 일이 중요해지지만, 이를 쉽게 해내는 학생은 드뭅니다. 하지만 삼색 볼펜을 활용하면 지문을 독해하고 주제를 파악하는 데 큰 도움이 됩니다.

삼색 볼펜 공부법은 다음과 같습니다. 먼저 삼색 볼펜을 준비합니다. 그런 다음 평소처럼 밑줄을 치며 지문 내용을 정리합니다. 언제까지? 문단이 끝날 때까지입니다. 1문단을 다 읽고 2문단에 들어가기 전, 볼펜 색깔을 바꿉니다. '딸각!' 지금부터가 중요합니다. 1문단을 다 읽었다고 해서 곧바로 다음 문단으로 넘어가면 안 됩니다. 2문단을 읽기 전에 1문단의 핵심 키워드 혹은 주제문이 무엇인지 생각하고, 해당 부분에 바꾼 볼펜 색으로 밑줄을 쳐서 명확히 대비되게 표시합니다. 2문단을 정리하며 읽고 3문단으로 넘어갈 때는 다시 볼펜의 색깔을 바꿉니다. '딸깍!' 여기서 볼펜 색을 바꾸는 소리는 다음 문단으로 넘어갈 때 직전 문단의 키워드와 주제를 찾으라는 일종의 신호입니다. 신호를 들었다면 2문단에도 명확히 대비되는 색으로 밑줄을 칩니다. 그 이후 문단도 똑같은 방식으로 하면 됩니다. 삼색 볼펜 공부법으로 지문을 읽고 나면 각 문단의 키워드와 주제에 서로 다른 색의 밑줄이 그어지게 됩니다. 문제를 풀기에 앞서 지문 전체의 주제와 키워드를 떠올리는 과정을 거치면 훨씬 높은 이해도와 정확도를 가지게 됩니다. 삼색 볼펜 공부법을 익히면 긴 문장을 두려워하지 않고 어려운 독해도 수월하게 해낼 수 있습니다.

• 구체적으로 공부하는 태도

학생들이 국어 공부를 못하는 이유 중 하나는 생각이 추상적이기 때문입니다. 지문, 선지, 시간 등에 대한 구체적인 대안을 마련하지 않은 채 대충, 대략, 짐작, 느낌으로 문제를 대하는 것이지요. '국어는 감이다'라고 말씀하시는 분들도 있는데, 감에 기대지 말고 눈에 보이는 공부를 해야 합니다. 국어를 잘하기 위해 구체적으로 무엇을 바꿔야 하는지, 어떻게 바꿔야 하고, 어떻게 바꿨는지 꼼꼼하게 확인해야 합니다. 예를 들어 문제를 풀 때마다 시간이 부족하다면 시간이 부족한 이유를 찾아봅니다. 그런 다음 이를 해결하기 위한 솔루션을 정하고, 훈련 방법을 설계하는 것이지요.

- 문제점 : 시간 부족

- 원인 :

　1) 지문 독해의 속도가 느리다

　2) 문제 풀이의 속도가 느리다

　3) 미련이 많아서 다음 문제로 잘 못 넘어간다

- 솔루션 : 한 문제를 2분 이상 풀지 않는다

- 훈련 방법 :

　1) 시간을 재고 기록하며 문제를 푸는 연습을 한다

　2) 1분이 넘어가면 스스로 판단하는 연습을 한다

　3) 2분이 넘어가면 완벽히 버리는 연습을 한다

　구체적으로 공부하는 태도는 오답 노트를 작성할 때도 필요합니다. 오답 노트는 상위권 학생들의 비법 혹은 특징으로 빠지지 않고 등장합니다. '2부 신선형 선생님의 튼튼 수학 전략'에서도 계속해서 강조한 내용이지요. 내가 무엇을 알고 무엇을 모르는지 오답 노트만큼 구체적이고 정확하게 알려 주는 것은 없습니다. 그런데 오답 노트를 통해 효과를 보려면 제대로 써야 합니다. 오지선다형에서 정답이 5번인 문제인데 2번을 선택해서 틀렸다고 가정해 보겠습니다. 많은 아이들이 오답 노트에 5번이 정답인 이유를 정리해서 써 놓습니다. 그런데 며칠 뒤 그 문제를 다시 풀어 보면 같은 오답을 다시 택하여 틀리는 경우가 허다합니다.

오답 노트에서는 정답이 아니라 오답에 포커스를 두어야 합니다. '나는 왜 오답을 골랐지?' '어떻게 하면 다음엔 정답을 정확히 찾을 수 있을까? 오답의 함정에 빠지지 않을 수 있을까?' 문제를 풀 당시의 상황으로 돌아가서 왜 오답을 선택했는지 이유를 파고들고 규명해야 효율적으로 오답 노트를 활용할 수 있게 됩니다.

    기억하세요. 느낌에 의존하는 추상적인 국어 공부가 아니라 눈에 보이는 객관적인 공부를 해야 합니다. 자신이 무엇을 맞히고 틀렸는지 문제 풀이에 통계를 내고, 약점 데이터를 만들고, 오답 노트를 정리하면서 구체적인 해결책을 제시하며 공부해야 1등급의 길에 들어설 수 있습니다. 구체적으로 공부하는 태도는 일찍 가질수록 좋습니다. 그리고 1등급의 태도를 갖춘 학생은 수능에서 점수가 소폭 떨어질 수는 있어도 뚝 떨어져서 망쳐 버리는 일은 없습니다.

독해력 훈련의 비밀

앞서 강조했듯이 국어 독해력은 학습을 위한 가장 기초적이고도 중요한 능력입니다. 국어 과목뿐만 아니라 다른 과목 성적에도 큰 영향을 미치지요. 이번 장에서는 독해력에 대해 아주 집중적으로 말씀드리려 합니다.

우선 독해력의 정확한 의미부터 생각해 보겠습니다. 독(讀)은 '읽다, 이해하다'라는 뜻을 지녔습니다. 무엇을 읽고 이해해야 할까요? 바로 문제에 주어진 '지문'입니다. 해(解)는 '풀다, 깨닫다, 설명하다'는 뜻이지요. 해(解)의 대상이 되는 것은 '문제'와 '선지(보기)'입니다. 정리해 보면 독해력은 '지문을 읽고 이해한 후, 문제와 선지의 뜻을 깨달아 문제를 풀거나 설명할 수 있는 힘'이라고 할 수 있겠습니다.

여기서 알 수 있는 것은 독해력의 종류가 두 가지라는 것입니다. 하나는 내용 이해를 위한 독해력 즉 지문을 이해하는 독해력이고, 다른 하나는 문제 풀이를 위한 독해력 즉 문제를 이해하는 독해력입니다. 따라서 제대로 된 독해 실력을 갖추려면 초중등 단계에서부터 이 두 가지 독해력을 조화롭게 훈련하는 것이 중요합니다. 그런데 학부모님들은 독해력이라고 하면 흔히 내용을 이해하는 지문 독해만 떠올리는 경향이 있습니다. 그래서 종종 이런 말씀을 하십니다.

"우리 아이가 시나 소설을 읽고 작가의 감성을 잘 이해하지 못하는 것 같아요."

시험에 지문으로 출제되는 문학 작품은 읽고 감상하는 게 목적이 아니라 문제를 푸는 것이 목적입니다. 그런데 문학 작품은 그 글을 쓴 사람과 그 글을 지문으로 출제한 사람이 다르지요. 그렇다면 누구의 의도가 더 중요할까요? 당연히 출제자입니다. 그러니 작가의 '감성'이 아니라 출제자의 '의도'를 이해해야 합니다. 작가가 아니라 출제자가 요구하는 해석을 해야 문제의 정답을 찾을 수 있으니까요. 출제자의 의도는 곧 문제고, 그래서 문제를 이해하는 독해력이 중요하지요. 그러니 내용을 이해하는 독해만 생각하고 문제 풀이를 위한 독해를 놓치면 곤란합니다.

그렇다면 독해력은 어떻게 기를 수 있을까요? 책을 많이 읽는 것만으로는 한계가 있습니다. 아이들은 보통 줄거리 위주로 책을 읽지요. 그 속에서 독해하는 법을 저절로 깨우치기는 어렵습니다. 아이들이 좋아하는 음식인 돈가스를 예로 들면, 아무리 돈가스를 좋아하는 아이라고 해도 돈가스를 많이 먹는 것만으로는 맛있는 돈가스 만드는 비법을 저절로 깨달을 수 없는 것과 마찬가지입니다. 어떤 고기가 돈가스로 좋은지, 어떻게 튀겨야 바삭하고 육즙이 살아 있는지 등등은 고민하고 연구해야 알 수 있습니다. 독해력도 마찬가지입니다. 어떻게 읽어야 지문을 충실하게 이해할 수 있는지, 그 방법을 '구체적이고 디테일'하게 알아야 합니다. 이것이 바로 독해력 훈련의 비밀이지요.

독해력 훈련의 최종 목표는 수능 국어입니다. 그러니 실제 수능 기출문제 혹은 모의고사 지문을 기준으로 독해력 훈련법을 말씀드리도록 하겠습니다. 요즘은 고등학교 내신 시험도 거의 수능형으로 출제되는 추세라 이 훈련은 내신 대비이자 수능 대비라고 할 수 있습니다. 국어는 학년이 올라갈수록 다루는 내용이 어려워질 뿐 글을 읽고 이해하는 과정 자체는 똑같습니다. 그러니 독해의 원리를 이해하고 지금부터 아이의 수준에 맞는 지문으로 천천히 훈련하면 나중에 고등 국어를 맞닥뜨렸을 때 여유롭게 대할 수 있게 될 것입니다.

• 단순화하여 읽기 (주어와 서술어 찾기)

　읽기에 익숙하지 않은 아이들은 국어 시험에서 긴 지문만 나오면 우왕좌왕하는 경우가 많습니다. 보는 순간 부담감을 느끼고 자신감을 잃기 십상이지요. 이럴 때 필요한 것이 글을 단순화하는 요령입니다. 문장이 아무리 길고 복잡해도 결국 중요한 것은 주어와 서술어입니다. 이 관계를 찾아 'A는 B이다'라고 단순화하거나 혹은 문장의 논리 관계를 따져 'A는 B해서 C하다'라고 정리할 수 있습니다. 이 과정에서 중요한 것은 셀프 질문입니다. '이 내용에서 중요한 게 뭐지?'라는 질문을 스스로에게 던지며 글을 단순화해 나가고, 단순화시킨 것들을 연결하면 전체 주제가 나오는 것이지요. 초등 독해 훈련의 핵심은 바로 이 '주제를 찾는 연습'입니다.

 지문 예시

A는 B이다 (주어와 서술어로 단순화하기)

　고대 그리스 시대의 사람들은 신에 의해 우주가 운행된다고 믿는 결정론적 세계관 속에서 신에 대한 두려움이나, 신이 야기한다고 생각되는 자연재해나 천체 현상 등에 대한 두려움을 떨치지 못했다. 에피쿠로스는 당대의 사람들이 이러한 잘못된 믿음에서 벗어나도록 하는 것이 중요하다고 보았고, 이를 위해 인간이 행복에 이를 수 있도록 자연학을 바탕으로 자신의 사상을 전개하였다.

_2020학년도 6월 전국연합학력평가 19-22 지문에서 발췌

앞의 글을 가지고 주어와 서술어로 단순화한 문장을 만들기 위해 주어와 서술어를 추출해 보면 아래와 같습니다.

'고대 그리스 시대의 사람들'(주어) / '자연재해나 천체 현상 등에 대한 두려움을 떨치지 못했다.'(서술어)

'에피쿠로스'(주어) / '당대의 사람들이 이러한 잘못된 믿음에서 벗어나도록 하는 것이 중요하다고 보았고(서술어1), 이를 위해 인간이 행복에 이를 수 있도록 자연학을 바탕으로 자신의 사상을 전개하였다.'(서술어2)

위 문장은 주어와 서술어로 단순화한 형태로, 기출 지문의 내용을 간결하게 한 것입니다. 이렇게 'A는 B이다' 형식으로 문장을 단순화함으로써 핵심적인 내용을 강조하고 전달할 수 있습니다.

지문 예시

A는 B해서 C하다 (문장의 논리 관계로 단순화하기)

　16세기 전반에 서양에서 태양 중심설을 지구 중심설의 대안으로 제시하며 시작된 천문학 분야의 개혁은 경험주의의 확산과 수리 과학의 발전을 통해 형이상학을 뒤바꾸는 변혁으로 이어졌다. 서양의 우주론이 전파되자 중국에서는 중국과 서양의 우주론을 회통하려는 시도가 전개되었고, 이 과정에서 자신의 지적 유산에 대한 관심이 제고되었다.

_2019학년도 대학수학능력시험 27-32 지문에서 발췌

　'천문학 분야의 개혁'(A)은 / '경험주의의 확산과 수리 과학의 발전'(B)에서 / '형이상학을 뒤바꾸는 변혁으로 이어졌다.'(C)

　'서양의 우주론'(A)은 / '전파되자 중국에서는 중국과 서양의 우주론을 회통하려는 시도가 전개되어'(B)서 / '자신의 지적 유산에 대한 관심이 제고되었다.'(C)

　위 문장은 단순화한 형태로, 기출 지문의 내용을 간결하게 한 것입니다. 이렇게 'A는 B해서 C하다' 형식으로 문장을 단순화함으로써 핵심적인 내용을 강조하고 전달할 수 있습니다.

글을 단순화하라는 의미는 글의 주어와 서술어를 찾는 것을 시작으로 핵심 키워드 및 주제를 파악하라는 뜻입니다. 이런 시각은 단번에 길러지지도, 쉽게 정착되지도 않습니다. 인내심을 가지고 꾸준히 연습해야 하지요. 그런데 그 전에 먼저 해야 할 것이 있습니다. '잘못된 습관'을 바로잡는 것입니다.

아이들은 '명사' 중심의 글 읽기에 빠지기 쉽습니다. 어려운 용어나 신조어 같은 것들이 보이면 거기에 꽂혀서 그 본질을 잊는 경우가 종종 있지요. 예를 들어 글에 '미토콘드리아'라는 단어가 등장했다고 생각해 볼까요? 이럴 때 실제 중요한 것은 '미토콘드리아'라는 이름이 아니라 그 기능일 것입니다. 그런데 아이들은 '미토콘드리아'라는 낯선 용어에만 밑줄을 죽 긋고 지나간다는 것입니다. 주관식 문제의 답이나 객관식 문제의 선지는 명사 단독으로 이루어진 경우보다 그렇지 않은 경우가 더 많습니다. 그러니 '명사' 그 자체가 아니라 그 명사의 뜻, 본질을 파악하는 것이 중요하지요. 따라서 명사만 볼 것이 아니라 그 명사를 도와주고 꾸며 주는 것들을 함께 보는 연습을 해야 합니다.

<u>미토콘드리아(mitochondria)</u>는 세포 소기관의 하나로 세포호흡에 관여한다. → X
<u>미토콘드리아(mitochondria)</u>는 세포 소기관의 하나로 <u>세포호흡에 관여한다</u>. → O

• 소리 내어 읽기 (의미 단위대로 끊어 읽기)

글을 눈으로만 읽으면 읽는 속도는 빠르지만 내용을 놓치는 경우가 많습니다. 마치 달리는 차 안에서는 풍경을 자세히 보기가 힘든 것과 마찬가지지요. 더구나 국어는 모국어이기 때문에 내용을 하나하나 분석적으로 보는 대신 문장을 통째로 받아들이는 경향이 있습니다. 이는 영어 공부를 할 때와 비교해 보면 확연히 그 차이를 이해할 수 있습니다. 예를 들어 'I love you' 문장을 살펴볼까요?

I love you → I love you
            (S) (P) (O)

영어 문장은 이런 식으로 읽는 동안 반사적으로 주어(Subject), 서술어(Predicate), 목적어(Object) 등을 머릿속으로 구분하게 됩니다. 처음부터 그렇게 배웠으니까요. 하지만 '철수도 밥을 먹는다' 같은 문장을 보면서 주어, 서술어, 목적어 등을 구분하며 읽는 아이는 거의 없을 것입니다. 일일이 분석하며 읽기에는 우리말이 너무 익숙하니까요. 우리말에는 영어에는 없는 '조사'라는 것이 있습니다. 철수'도' 밥을 먹는다는 것은 철수 외에 다른 누군가도 밥을 먹고 있다는 뜻이 됩니다. '도'라는 보조사 하나를 놓치면 이런 의미를 놓치게 되는 것입니다. 이렇게 때로는 한두 글자에 중요한 정보가 담겨 있을 수도 있습니다. 그러니 눈으로 쓱 훑고 지나가며 대충 읽는 습관을 그냥 두면 중요한 때에 힌트를 보지 못해 문제를 놓치는 실수로 이어질 수도 있지 않을까요.

그래서 글을 꼼꼼하게 읽는 버릇을 몸에 익히기 위해 소리 내어 읽는 연습을 하는 것입니다. 글을 소리 내어 읽으려면 한 글자, 한 글자를 다 보아야 하니까요. 이렇게 읽다 보면 글쓴이가 말하고자 하는 핵심 키워드를 파악하는 것도 훨씬 쉬워집니다. 당연히 문장의 의미와 의도를 이해하는 데도 큰 도움이 되겠지요. 따라서 소리 내어 읽는 연습을 충분히 하면 자연스럽게 독해 속도도 빨라집니다. 학부모의 입장에서는 소리 내어 읽기를 통해 아이의 독해 수준과 지문 이해도를 파악할 수 있기 때문에 꼭 필요한 과정이기도 합니다.

소리 내어 읽기에 익숙해지면 다음 단계로 끊어 읽기 연습을 하는 것이 좋습니다. 말 그대로 글을 의미 단위로 끊어서 읽어 보는 것이지요. 끊어 읽기는 다음과 같은 효과가 있습니다. 첫째, 학생 스스로 자신의 역량을 헤아려 볼 수 있습니다. 둘째, 서두르지 않고 차분하게 독해할 수 있지요. 마지막으로 다음에 등장할 내용을 추론하며 읽을 수 있습니다.

끊어 읽기 연습을 시작할 때는 한 번에 글 전체를 읽으려고 하지 않아도 괜찮습니다. 자신이 소화할 수 있을 만큼만 읽어도 충분합니다. 주어, 목적어, 관형어, 부사어, 서술어 등을 구별하여 끊어 읽는 것 자체로 의미가 있으니까요. 끊어 읽기가 어느 정도 익숙해지면 끊어 읽는 매듭과 매듭 사이에 호흡을 넣기 시작해야 합니다. 그 호흡을 통해 앞 매듭과 뒤 매듭의 관계성을 파악하는 것이지요. 저는 이것을 매듭과 매듭 사이를 공감하며 그 속에서 반향을 얻는다는 의미에서 '메아리를 울린다'라는 뜻의 '메아리 독해'라고 부릅니다.

 지문 예시

의미 단위대로 끊어 읽기 & 메아리 독해

　사진이 등장하면서 회화는 대상을 사실적으로 재현(再現)하는 역할을 사진에 넘겨주게 되었고, 그에 따라 화가들은 회화의 의미에 대해 고민하게 되었다. 19세기 말 등장한 인상주의는 전통적인 회화에서 중시되었던 사실주의적 회화 기법을 거부하고 회화의 새로운 경향을 추구하였다.
　인상주의 화가들은 색이 빛에 의해 시시각각 변화하기 때문에 대상의 고유한 색은 존재하지 않는다고 생각하였다. 인상주의 화가 모네는 대상을 사실적으로 재현하는 회화적 전통에서 벗어나기 위해 빛에 따라 달라지는 사물의 색채와 그에 따른 순간적 인상을 표현하고자 하였다.

　　　　　　　　　　_2018학년도 3월 전국연합학력평가 지문에서 발췌

앞의 글을 의미 단위대로 끊어 읽기 & 메아리 독해의 예시로 표시해 보겠습니다.

사진이 등장하면서 회화는(S) 대상을(O) 사실적으로 재현(再現)하는 역할을 사진에 넘겨주게 되었고(P), / 그에 따라 화가들은(S) 회화의 의미에 대해 고민하게 되었다(P).

19세기 말 등장한 인상주의는(S) 전통적인 회화에서 중시되었던 사실주의적 회화 기법을(O) 거부하고(P), / 회화의 새로운 경향을(O) 추구하였다(P).

인상주의 화가들은(S) / 색이(S) 빛에 의해 시시각각 변화하기(P) 때문에 / 대상의 고유한 색은(S) 존재하지 않는다(P)고 / 생각하였다(P).

인상주의 화가 모네는(S) / 대상을(O) 사실적으로 재현하는 회화적 전통에서 벗어나기 위해(P) / 빛에 따라 달라지는 사물의 색채와 그에 따른 순간적 인상을(O) 표현하고자 하였다(P).

이렇게 읽을 경우 문장의 의미를 조금 더 분석된 방식으로 받아들일 수 있겠죠.

- **글쓴이와 대화하기**

　대화는 상대를 이해하기 위한 가장 중요한 전제 조건이라고 할 수 있습니다. 그래서 글을 읽을 때에도 대화가 필요합니다. 글쓴이를 대화 상대로 가정하고 가상의 대화를 나누는 것이지요. 이 대화는 세 가지 순기능이 있습니다.

첫째, 글쓴이에게 호감을 가질 수 있다.

→ 독해 동기(Motivation) 부여

둘째, 글쓴이의 말에 공감하거나 이해할 수 있다.

→ 사실 일치/불일치 문제 판단에 도움

셋째, 글쓴이의 말을 비판하거나 의문을 가질 수 있다.

→ 비판/추론 문제에 도움

　대화 방법은 어렵지 않습니다. 문장과 문장 사이에 자신의 생각이나 반응을 집어넣는 것이지요. 즉 한 문장을 읽고 곧바로 다음 문장으로 넘어가는 것이 아니라 문장과 문장의 의미 관계, 글쓴이의 의도, 국어 표현법의 의미 등을 찾아 그에 대해 리액션을 하면 됩니다. 자기 혼자 속으로 하는 대화이니 격식을 차릴 필요도 없습니다.

　"어쩌라고?"

　"그런데?"

"아, 그래?"

"진짜?"

"오케이!"

"나이스!"

"내 생각은 다른데?"

이처럼 거침없이 자유분방하게 반응하되 글의 이해와 관련된 내용으로, 적극적으로 대화하는 것이 중요하지요.

 지문 예시

글쓴이와 대화하기

　스피노자의 윤리학을 이해하기 위해서는 코나투스(Conatus)라는 개념이 필요하다. 스피노자에 따르면 실존하는 모든 사물은 자신의 존재를 유지하기 위해 노력하는데, 이것이 바로 그 사물의 본질인 코나투스라는 것이다. 정신과 신체를 서로 다른 것이 아니라 하나로 보았던 그는 정신과 신체에 관계되는 코나투스를 충동이라 부르고, 다른 사물들과 같이 인간도 자신을 보존하고자 하는 충동을 갖고 있다고 보았다. 특히 인간은 자신의 충동을 의식할 수 있다는 점에서 동물과 차이가 있다며 인간의 충동을 욕망이라고 하였다. 즉 인간에게 코나투스란 삶을 지속하고자 하는 욕망을 의미한다.

_2018학년도 9월 전국연합학력평가 지문에서 발췌

아래는 글쓴이와 대화하며 읽는 예시입니다.

스피노자의 윤리학을 이해하기 위해서는 코나투스(Conatus)라는 개념이 필요하다. '왜 그렇지?' 스피노자에 따르면 실존하는 모든 사물은 자신의 존재를 유지하기 위해 노력하는데, 이것이 바로 그 사물의 본질인 코나투스라는 것이다. '그런데?' 정신과 신체를 서로 다른 것이 아니라 하나로 보았던 그는 정신과 신체에 관계되는 코나투스를 충동이라 부르고, 다른 사물들과 같이 인간도 자신을 보존하고자 하는 충동을 갖고 있다고 보았다. '그렇군! 코나투스는 충동이고, 인간도 저런 충동을 가지고 있다는 거구나!' 특히 인간은 자신의 충동을 의식할 수 있다는 점에서 동물과 차이가 있다며 인간의 충동을 욕망이라고 하였다. 즉 인간에게 코나투스란 삶을 지속하고자 하는 욕망을 의미한다. '오케이!'

• 주제 찾기 1 (반복되는 키워드가 정답이다-어휘)

보통 사람들은 중요한 이야기를 여러 번 반복해서 이야기하는 경향이 있습니다. 물론 별 의미 없이 습관처럼 했던 말을 또 하는 경우도 많지요. 그렇다면 수능 같은 표준화된 시험은 어떨까요. 수능에서 국어 시험은 80분 동안 치러집니다. 보통 16~18페이지 정도의 시험지에 45문제가 실리지요. 한 문제를 푸는 데 주어지는 시간이 채 2분이 되지 않습니다. 그러니 불필요한 이야기를 반복할 여유가 없을 것입니다. 이는 다시 말해 지문에서 반복되는 키워드나 문장이 있다면 그것이 바로 핵심 내용이라는 의미입니다. 그만큼 중요하다는 의미니까요.

그런데 문제는 이 반복이 동일한 표현이나 문장으로 이루어지지 않는다는 것입니다. 같은 내용을 담은 비슷한 단어나 표현으로 감추어져 있는 경우가 많지요. 그래서 패러프레이징(paraphrasing, 앞서 언급한 어휘와 뜻이 같거나 유사한 표현을 사용하는 기법)된 표현들을 찾는 연습을 해야 합니다.

 지문 예시

단어의 반복

유학은 **수기치인(修己治人)**을 통해 성인(聖人)이 되기 위한 학문으로 성학(聖學)이라고도 불린다. '**수기**'는 사물을 탐구하고 앎을 투철히 하고 뜻을 성실하게 하고 마음을 바르게 하여 자신을 닦는 일이며, '**치인**'은 집안을 바르게 하고 나라를 통치하고 세상을 평화롭게 하는 것을 의미한다. **수기치인**을 통해 하늘의 도리인 천도(天道)와 합일되는 경지에 도달한 사람이 바로 '성인'이다. 이러한 유학의 이념을 적극 수용했던 율곡 이이는 **수기치인**의 도리를 밝힌 「성학집요」(1575)를 지어 이 땅에 유학의 이상 사회가 구현되기를 소망했다.

_2018학년도 6월 전국연합학력평가 지문에서 발췌

지문 예시

문장의 반복

　에피쿠로스는 신의 존재는 인정하나 신의 존재 방식이 인간이 생각하는 것과는 다르다고 보고, 신은 우주들 사이의 중간 세계에 살며 인간사에 개입하지 않는다는 이신론적 관점을 주장한다. 그는 불사하는 존재인 신은 최고로 행복한 상태이며, 다른 어떤 것에도 고통을 주지 않고, 모든 고통은 물론 분노와 호의와 같은 것으로부터 자유롭다고 말한다. 따라서 에피쿠로스는 인간의 세계가 신에 의해 결정되지 않으며, 인간의 행복도 자율적 존재인 인간 자신에 의해 완성된다고 본다.

　　　　　　　　　　_2020학년도 6월 전국연합학력평가 지문에서 발췌

지문 예시

국어 표현을 통한 반복 인지

　한편 회생제동 장치는 전기 자동차의 운행 상태와 배터리의 충전 상태 등에 영향을 받기 때문에 단독으로 쓰이는 경우 제동 효과를 충분히 발휘하기 어렵다. 예를 들어 급정지처럼 짧은 시간에 큰 제동력이 필요한 상황에서는 회생제동 장치만으로는 필요한 제동력을 얻기 힘들고, 배터리가 완전히 충전된 상황에서는 생성된 전기 에너지를 저장할 수 없어 회생제동 장치가 작동하지 않는다. 따라서 대부분의 전기 자동차에는 회생제동 장치뿐만 아니라 일반 자동차에 사용되는 마찰제동 장치가 함께 장착되어 상호보완적으로 작동한다.

　　　　　　　　　　_2020학년도 4월 전국연합학력평가 지문에서 발췌

• 주제 찾기 2 (주제는 지문의 처음과 끝을 관통한다 – 문단)

좋은 글은 통일성과 일관성이 있어야 합니다. 즉 의미적 연결 관계가 주제와 통일성이 있어야 하고 문장과 문장, 문단과 문단, 접속어, 지시어 등의 흐름이 일관성을 유지하고 있어야 한다는 뜻입니다. 그렇다면 대학수학능력시험에 나오는 글은 좋은 글일까요? 수능 문제는 엄선된 전문위원 수십 명이 한 달 넘게 고심하며 출제합니다. 국어의 경우 수십 명의 출제위원이 45문제를 출제하고 검토를 하며 문제를 내기 위해 사용되는 국가 예산만 대략 300억 원입니다. 이렇게 만들어진 문제가, 지문이 허술할 리 없습니다.

이번에는 출제자들의 특성을 생각해 보겠습니다. 모든 출제자는 당연히 한국인입니다. 한국인의 언어 습관은 어떤가요. '한국말은 끝까지 들어 봐야 한다'는 말이 괜히 있는 게 아니지요. 우리는 앞에서 구구절절 이유를 설명한 후 중요한 말은 뒤에 하는 경향이 있습니다. 그런데 이들은 학술적인 논문을 쓰는 전문가이기도 합니다. 논문은 내용이 명료해야 하지요. 따라서 대부분 주제문을 앞쪽에 두는 두괄식 구성이 일반적입니다. 수능 지문은 이 두 가지 특징이 절충된 형태를 보이는 경우가 많고요. 그래서 긴 지문을 만났을 때는 첫 문단과 마지막 문단에 높은 가치를 두고 읽으면 문제를 풀기가 쉬워지지요. 즉, 처음과 끝을 관통하는 내용이 주제라는 뜻입니다.

 **지문 예시**

처음과 끝을 관통하는 주제

　인터넷 뱅킹이나 전자 상거래를 할 때 온라인상에서 사용자 인증은 필수적이다. 정당한 사용자인지를 인증하는 흔한 방법은 아이디(ID)와 비밀번호를 입력하는 것으로, 사용자가 특정한 정보를 알고 있는지 확인하는 방식이다. 그러나 이러한 방식은 고정된 정보를 반복적으로 사용하기 때문에 정보가 노출될 수 있다. 이러한 문제점을 보완하기 위해 개발된 인증 기법이 OTP(One-Time-Password, 일회성 비밀번호) 기술이다. OTP 기술은 사용자가 금융 거래 인증을 받고자 할 때마다 해당 기관에서 발급한 OTP발생기를 통해 새로운 비밀번호를 생성하여 인증받는 방식이다.

-중략-

　시간 동기화 방식의 OTP발생기에는 인증 서버의 시간과 같은 시간을 가리키는 전자시계가 장착되어 있어 시간 동기화가 가능하다. 하지만 인증 서버와 OTP발생기 간에 시간 오차가 발생하면 인증에 실패한다. 또한 시간 동기화 방식은 이벤트 동기화 방식에 비해 입력 시간에도 제약을 받는다. 왜냐하면 사용자의 비밀번호 입력 시간이 길어지면 새로운 비밀번호가 생성되기 때문이다.

_2019학년도 3월 전국연합학력평가 지문에서 발췌

　독해력은 모든 학습의 필수 능력이며, 독해력을 키우려면 내용을 이해하는 독해력과 문제 풀이를 위한 독해력을 골고루 훈련해야 합니다. 단순하게 읽기, 소리 내어 읽기, 글쓴이와 대화하기, 주제 찾기 등의 훈련 방법을 통해 아이의 독해력을 한 단계 한 단계 키워 주세요.

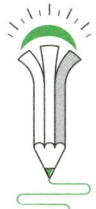

등급을 가르는 열쇠, 문학 개념어

고등 국어에서는 교과서 외부의 지문들이 시험에 등장하기 시작합니다. 낯선 지문을 맞닥뜨린 아이들은 당황하게 되지요. 그래서 중학교 때까지는 잘 나오던 국어 성적이 고등학교에 들어가는 순간 뚝 떨어지는 학생들이 많습니다. 즉 처음 보는 글, 그중에서도 특히 해석을 거쳐야 하는 '문학 작품'을 대하는 능력에 따라 등급이 갈리는 것이지요. 그렇다면 문학 작품 해석은 어떻게 해야 하는 걸까요.

이 문제를 해결하려면 시험에 출제되는 문학 작품에 대한 오해부터 바로잡아야 합니다. 문학은 근본적으로 작가의 생각과 의도를 표현하는 주관적인 글입니다. 그래서 학생들도 주관적인 해석에 의존해 '감'으로 문제를 풀려는 경향이 있습니다. 그러면 이런 일이 반복됩니다.

'글쓴이 생각은 이거 아니야? 내 생각에도 이게 맞는 것 같은데?'
'어라, 그런데 왜 틀렸지?'

이 상태에서는 아무리 공부해도 국어 성적이 오르지 않습니다. 시험의 특성을 생각해 보세요. 정답은 모두가 정답으로 인정할 수 있어야 합니다. 아주 명료하게 납득할 수 있어야 하지요. 특히 수능처럼 수십만 명이 한꺼번에 보는 시험은 객관성과 공정성이 생명입니다. 그런 시험에 한 사람의 생각을 기초로 하는 주관적인 내용이 출제될 수 있을까요? 절대 아닙니다. 그렇다는 것은 문학에도 객관적인 요소가 존재하고, 답을 맞히려면 그 부분을 공략해야 한다는 말입니다. 그게 무엇일까요? 문학을 해석할 수 있는 객관적인 도구 즉 문학 개념입니다. '아, 여기서 이런 표현법을 써서 이런 효과를 얻었구나'처럼 문학 작품을 객관적으로 이해할 수 있어야 합니다.

문학 작품을 객관적으로 바라보고 낯선 지문도 자신 있게 마주하기 위해 공부해야 하는 것이 바로 '문학 개념어'입니다. 조금 과장해서 말하면 문학 개념어를 제대로 모르는 것은 국어 성적을 포기하는 것과 같습니다. 따라서 고등학교 때 국어 공부를 수월하게 하고 싶다면 중학교 때 문학 개념어를 공부해 두는 게 좋습니다. 문학 개념어는 제가 활동하는 교육특구 대치동에서는 이미 관심이 뜨거운 키워드입니다. 학부모님들은 아이보다 한발 앞에 서서 코치 역할을 해야 하니 아이가 중고등학생이 되기 전에 미리 알아 두면 분명 도움이 될 것입니다. 초등학생인 아이와 함께 살펴보며 '아, 이런 게 있구나' 접해 보는 것도 괜찮습니다.

그럼 주요 문학 개념어들을 함께 짚어 볼까요? 지금부터 소개하는 13개의 문학 개념어는 중고등학교 특히 고1~2 내신에 자주 등장하여 반드시 알아야 한다고 선별한 내용입니다.

• 문학이 아름다워지는 직유법과 은유법

문학은 기본적으로 대놓고 말하는 장르가 아닙니다. 쉽게 말하자면 '나는 당신이 좋아요'라고 돌직구 고백을 전하는 대신 '당신 얼굴이 활짝 핀 진달래꽃 같아요'와 같이 돌려 표현하며 설렘을 주는 식입니다. 문학이 아름다운 것은 상당 부분 이런 '비유' 때문이라고 할 수 있습니다. 비유란 무엇일까요? 표현하고자 하는 대상을 직접 설명하지 않고 다른 대상에 빗대어 설명하는 일입니다. 이때 원래 표현하고자 하는 대상을 '원관념', 그 원관념을 조금 더 잘 표현하기 위해서 사용하는 보조적인 수단을 '보조 관념'이라고 하지요.

당신 얼굴이 활짝 핀 진달래꽃 같아요.
　원관념　　　　　　보조 관념

이 내용을 잘 기억하면서 가장 대표적인 비유법인 직유법과 은유법에 대해 알아보겠습니다.

직유법 (直곧을 직 喻깨우칠 유 法법 법 / Simile)
- 비슷한 성질이나 모양을 가진 두 대상을 직접적으로 비유하는 표현법
- '같이' '처럼' '듯이' 등의 연결어를 사용하여 표현한다.

직유법은 한자로 '곧을 직' 자와 '깨우칠 유' 자를 씁니다. 내 생각을 곧게 넣어서 사람들에게 무언가 깨우침을 주려는 의도가 있다는 것입니다. 그래서 듣는 사람이 조금 더 직접적으로 내용을 알아낼 수 있지요. 그럼 여기서 질문을 하나 드리겠습니다. 직유법은 말하고자 하는 내용을 '직접적'으로 드러내는 것일까요, 아니면 '간접적'으로 드러내는 것일까요? 직유법에 '직' 자가 들어가기 때문에 많은 학생들이 직접적이라고 착각하기 쉽습니다. 하지만 직유법은 어디까지나 비유법의 일종이라는 것을 잊으면 안 됩니다. 직접적으로 비유는 하되, 그 자체가 간접적인 화법이라는 사실을 잘 기억해야 함정에 빠지지 않겠지요.

은유법 (隱숨을 은 喻비유할 유 法법 법 / Metaphor)
- 비슷한 성질이나 모양을 가진 두 대상을 간접적으로 비유하는 표현법
- 직접적인 연결어 없이 암시적으로 표현한다.

여기서 중요한 것은 두 대상을 '직접적인 연결어 없이' '암시적'으로 표현한다는 것입니다. 직유가 직접적으로 비유하는 것이라면 은유법은 은근히 비유한다는 것이지요. 형식으로 구분하면 직유는 'A는 B와 같다'나 'B 같은 A', 은유는 'A는 B이다'로 표현됩니다. '내 마음은 갈대 같다' 또는 '갈대 같은 내 마음'이라고 직유법으로 내 마음의 특징을 구체화시키는 대신 '내 마음은 갈대이다'라고 표현하면 '갈대? 갈대가 어떤데?'부터 생각하게 되겠지요. 그런 다음 '왜 갈대라고 하는 거지?'에 이르게 됩니다. 자신의 생각을 에둘러서 은은하게 드러낸다고 할까요. 그래서 은유는 직유보다 조금 더 부드러운 느낌이 듭니다.

직유법	은유법
내 마음은 갈대 같다 VS	내 마음은 갈대이다
원관념 보조 관념	원관념 보조 관념

• 문학에 생동감을 불어넣는 의인법과 활유법

문학에는 생명이 없는 무생물을 살아 있는 생물처럼 표현하는 기법이 있습니다. 이로 인해 정적인 이미지가 동적으로 바뀌기도 하고, 무미건조했던 글에 활기와 생기가 넘치기도 하지요. 바로 의인법과 활유법입니다. 이 부분은 특히 고난도 문제와 연관될 때가 많으므로 주의 깊게 보시면 좋겠습니다.

의인법 (擬비길 의 人사람 인 法법 법 / Personification)
- 인격이 없는 사물이나 추상적 개념 등에 인격을 부여하는 표현법
- 인격이 없거나 추상적인, 즉 사람이 아닌 것을 사람의 신체나 행위처럼 표현하거나 정서를 지닌 것처럼 표현한다.

　의인법은 말 그대로 사람이 아닌 것을 '사람처럼' 표현하는 것입니다. 영어로는 'Personification'이라고 하는데 사람을 뜻하는 'Person'이 들어가지요. 여기서 주의할 것은 꼭 형체가 있는 사물만 의인화할 수 있는 것은 아니라는 사실입니다. 김영랑의 시 〈청명〉에는 '햇발이 처음 쏟아오아 / 청명은 갑자기 으리으리한 관을 쓴다'라는 구절이 있습니다. 관은 사람이 머리에 쓰는 것인데 형체도 없는 청명(푸른 하늘)이 그 관을 쓴다고 했습니다. 이처럼 구체적인 형체가 없는 것들도 얼마든지 사람에 빗대어 표현할 수 있습니다.
　여기서 짚고 넘어가야 할 것은 의인법 또한 비유법의 일종이라는 것입니다. 대상을 있는 그대로 표현하지 않고 다른 것에 빗대어 표현하는 모든 표현법이 다 비유법에 속하기 때문입니다. 그리고 의인법은 뒤에 나오는 '감정이입'이라는 개념과 매우 밀접한 관련이 있습니다. 무언가를 사람처럼 표현하는 것이 이미 그것에 작가의 감정이 투영되어 있다는 뜻이니까요.

<u>황혼</u>아 네 부드러운 손을 힘껏 내밀라.

내 뜨거운 입술을 맘대로 맞추어 보련다.

- 이육사, 〈황혼〉 중에서

활유법 (活살 활 喩비유할 유 法법 법 / Personification 의인법과 동일**)**
- 생명이 없는 무생물을 생명이 있는 것처럼 비유하는 표현법

    활유법은 영어에서는 의인법과 똑같이 'Personification'이라고 쓰며 따로 구분하지 않습니다. 그만큼 우리 문학의 표현이 풍부하고 다채롭다는 의미이기도 합니다. 의인법이 '사람처럼' 표현하는 것이라면 활유법은 '사람이 아닌' 생명이 있는 것에 비유하는 것입니다. 예를 들어 정철은 〈관동별곡〉에서 변화무쌍한 산봉우리의 모습을 '날거든 뛰지 말거나 섰거든 솟지 말거나'라고 표현했습니다. 날아다닐 수 있는 것은 날개 달린 짐승이지 사람은 아니지요.

    넓게 보면 사람도 생명이 있는 것에 속하기 때문에 의인법은 활유법에 포함된다고 할 수 있습니다. 그래서 어떤 표현은 의인법으로도 활유법으로도 볼 수 있습니다. 하지만 시험에서는 활유와 의인을 구별할 수 있는 두드러진 특징을 가지고 문제를 내고, 다툼의 여지가 있는 애매한 표현은 다루지 않기 때문에 이 둘을 제대로 구분하지 못하면 어떡하나 너무 걱정할 필요 없습니다.

• **의미가 다채로워지는 반어법과 역설법**

말을 늘 곧이곧대로만 하면 얼마나 뻔하고 재미없을까요. 그래서 문학 작품에는 작가의 의도를 전달하기 위한 다양한 표현법이 존재하고 그로 인해 의미가 다채로워지지요. 그중 반어법과 역설법을 살펴보겠습니다.

반어법 (反되돌릴 반 語말씀 어 法법 법 / Irony)

- 실제 의도와 반대되는 말로 나타내는 표현법
- 실제 언어로 표현된 표면적 진술 내용과 화자의 내적 표현 의도가 서로 반대되도록 표현하는 기법이다. 이로 인해 겉으로 드러난 표현 속에 감춰진 화자의 의도를 강조하는 효과가 있다.

2000년대 큰 사랑을 받은 가수 '지오디'의 노래 중 〈거짓말〉의 가사를 보면 '잘 가' 뒤에 바로 '가지 마'라는 노랫말이 나옵니다. '나를 잊어 줘 잊고 살아가 줘'라고 노래하지만 곧바로 '나를 잊지 마'라는 속마음을 내비치고요. 전형적인 반어법입니다. 반어법은 문장 자체에는 모순이 없습니다. 다만 실제 표현하는 말과 참뜻이 반대될 뿐이지요. 이렇게 표현함으로써 화자의 의도가 더욱 강조된다는 것을 잘 기억해야 합니다.

또 하나, 반어법은 '흔적'이 있습니다. 바로 상황입니다. 전체적인 상황과 그 표현이 맞지 않는다는 것이지요. 학교에서 시험을 본 아이가 집에 돌아와서 하는 말입니다.

"엄마, 나 어제 공부한 거 까먹어서 다 틀렸어."

"아유, 잘했네!"

다 틀렸으니 전체적인 상황은 '마이너스'인 건데 '잘했네'라는 표현은 '플러스'지요. 그런데 이 칭찬이 정말 칭찬일까요? 아니라는 것을 누구나 다 압니다. 이렇게 문장에 틀린 부분은 없지만 전체적인 상황과 맞지 않는 표현이 바로 반어법입니다.

역설법 (逆거스를 역 說말씀 설 法법 법 / Paradox, Oxymoron)

- 표면적으로는 모순되어 보이지만 그 이면에서 진실을 드러내는 표현법

역설법의 '역(逆)' 자는 '거스르다'라는 뜻입니다. 무엇을 거슬렀을까요? 이치를 거슬렀습니다. 다시 말해 이치에 맞지 않는 말을 하는 표현이라는 것이지요. 앞에서 반어는 문장 자체에는 모순이 없다고 했지만 역설은 그렇지 않습니다. '이것은 소리 없는 아우성'처럼 앞뒤가 맞지 않는 모순적인 내용이 포함되어 있습니다. 그러니 논리적으로는 이해할 수 없지요. 감성적으로 이해해야 합니다. 그러기 위해서 그 의미를 더 열심히 생각하게 되고, 읽는 사람에게 강한 인상을 남기겠지요. 그래서 매우 강력한 표현법입니다. 역설법이 들어간 문장이 그 글의 주제 문장일 확률이 매우 높은 것은 이런 이유 때문입니다.

• 의미가 강조되는 도치법과 설의법

전하고자 하는 의미를 보다 강조해서 나타내기 위해 쓰이는 표현법들입니다. 특히 설의법은 관련 내용이 수능이나 내신 시험 등에 1순위로 출제되는 경향이 있으니 꼭 기억해 두면 좋겠습니다.

도치법 (倒거꾸로 도 置둘 치 法법 법 / Anastrophe)
- 문장의 기본 어순인 '주어-목적어-서술어'를 뒤바꾸어 배열하여 내용을 강조하는 표현법
- 강조하려는 언어 표현을 대개는 맨 뒤에 놓는다. 시에 쓰일 경우는 강조의 효과와 더불어 시의 운율을 맞추는 효과도 있다.
- 도치법의 종류 : 주어와 서술어의 어순을 바꾸어 주어가 맨 뒤에 오는 경우, 목적어와 서술어의 어순을 바꾸어 목적어가 맨 뒤에 오는 경우, 문장 부사어가 문장의 맨 뒤에 오는 경우

우리말의 일반적인 어순은 주어, 목적어, 서술어입니다. 말의 차례를 바꾸어 정서를 환기시키고 변화감을 주는 것이 도치법입니다. 국어에서는 일반적인 순서 중 하나라도 바뀌면 도치법이라고 하는 데 비해 영어는 보통 주어와 서술어가 바뀌었을 때만 도치법이라고 합니다. 아이들은 국어 문법보다 영어 문법을 먼저 접하는 경우가 많아서 이런 부분을 헷갈리기 쉽습니다. 도치법이 주는 효과는 '강조'입니다. 강조하려

고 하는 표현을 대개 맨 뒤에 놓지요. 단지 순서를 바꾸었을 뿐인데 '당신을 내 목숨보다 더 사랑합니다'보다 '사랑합니다. 당신을. 내 목숨보다 더'가 더욱 극적으로 느껴지는 것이 도치법의 효과입니다. 시의 경우에는 도치법이 운율을 살리기 위해 사용되기도 합니다. 시의 구나 행 끝에 비슷한 소리의 글자를 반복해서 놓으면 그게 바로 '각운'이니까요.

설의법 (設말씀 설 疑의심할 의 法법 법 / Rhetoricalquestion)
- 쉽게 판단할 수 있는 사실을 의문의 형식으로 표현하여 상대방이 스스로 판단하게 하는 표현법
- 형식상으로는 의문문의 형식을 띠고 있지만, 내용상으로는 청자의 공감을 유도할 뿐, 답을 필요로 하지 않는다. 공감과 강조를 위해 설의법을 사용한다.

설의법을 영어로 'Rhetoricalquestion'이라고 하는데, 그중 'Rhetoric'은 '수사법'을 뜻합니다. 수사법의 '수(秀)'는 '빼어날 수'이고요. 즉 말을 빼어나게 만드는 방법이 수사법이라고 풀이할 수 있습니다. 보통 다른 사람을 설득하기 위해서는 말을 빼어나게 잘해야 합니다. 그러니 수사법의 목적이 빼어난 말로 내 생각과 의견을 전달하여 남을 설득하는 데 있다고도 할 수 있습니다. 이런 수사적인 물음 즉 의문문의 형식으로 내 생각을 전달하여 다른 사람을 설득하려는 표현법이 바로 설의법입니다. 나는 이미 결론을 알고 있고 원하는 대답이 있지만, 그럼에

도 불구하고 물어보는 것. 아마 많은 부모님들이 무의식중에 매일 하고 계실지도 모릅니다. '엄마는 네가 숙제를 안 했다는 것을 알고 있어. 좋은 말로 할 때 빨리 가서 숙제를 하는 게 좋을 거야'와 같은 의도를 담아 이렇게 말씀하시겠지요. "숙제했니?"

설의법이 무엇인지 아셨나요. 자주 접하는 상황을 예로 들면 어렵게 생각한 문법도 쉽게 이해가 됩니다. 아이는 더욱 그러할 테고요.

• 감성이 풍부해지는 감정이입과 대구법

작가의 감성을 더욱 증폭시켜 전달하기 위한 표현법들입니다.

감정이입 (感느낄 감 情뜻 정 移옮길 이 入들 입 / Empathy)
- 자신의 감정을 자연물이나 타인에게 무의식적으로 투사하고, 그 대상이 자신과 같은 감정을 가지고 있는 듯이 느끼는 것
- 마치 자연물이 사람과 같이 감정의 기능을 갖고 있는 양 표현되는 것으로 작가의 감정과 사고가 대상에 투영되었기 때문에, 대상의 감정을 곧 화자의 감정으로 바꾸어 이해해야 한다.

감정이입을 설명할 때 가장 핵심이 되는 단어는 '투사'입니다. 투사라는 말이 보이는 순간 바로 '아, 감정이입과 관련된 내용을 찾아야겠구나' 하고 반사적으로 떠올려야 합니다. '자연물이 사람과 같이 감정의 기능

을 갖고 있는 양' 표현된다는 것은 곧 자연물이 사람처럼 느껴진다는 뜻이니 '의인법'과도 연결되지요. 그래서 의인법은 감정이입의 전제 조건이기도 합니다. 학생들이 많이 하는 실수 중 하나가 글에서 감정이입은 찾아내는데 의인법은 놓치는 것입니다. 그러니 감정이입과 의인법은 하나의 세트라고 기억해 두면 좋겠습니다. 또 '나'와 '대상'이 '같은 감정'을 느낄 때 우리가 받을 수 있는 인상이 무엇일까요? 바로 '친밀감'입니다. 감정이입은 친밀감이라는 단어와도 무척 잘 어울린다는 것도 함께 기억해 두세요.

대구법 (對대할 대 句글귀 구 法법 법 / Parallelism)
- 비슷하거나 동일한 문장 구조를 짝을 맞추어 늘어놓는 표현법
- 병행의 아름다움과 율격을 주는 기법으로 이에 의해 형성되는 운율은 표현을 아름답게 하면서 동시에 뜻을 분명하게 드러낸다.

대구라는 말은 중국 한시에서 유래되었습니다. 우리가 한글 이전에 썼던 글이 한자이다 보니 그 영향이 고스란히 남은 것이지요. 사실 한자는 뜻글자이기 때문에 한 글자, 한 글자가 서로 일대일로 짝을 이루며 대구가 되지만 우리말은 그렇지 않습니다. 정확히는 '유사한 통사(문장) 구조의 반복'이라고 표현하는 것이 더 맞습니다. 어쨌든 비슷한 내용을 반복하니 운율이 만들어지고 뜻도 더욱 분명해지겠지요. 이 대구법

을 잘 활용하고 있는 대표적인 예가 힙합 장르입니다. 운율감 있는 랩을 하기 위해서는 대구를 잘 살려 가사를 쓰는 게 중요하니까요. 어쩌면 아이들은 〈고등래퍼〉나 〈쇼미더머니〉 등의 프로그램을 통해 이미 대구의 핵심을 이해하고 있을지도 모릅니다.

- **감성이 고조되는 과장법, 영탄법, 점층법**

마지막으로 풍부하게 일깨운 감성들을 더욱 끌어 올려 작가의 감정을 더욱 심화시키거나 부각시킬 때 자주 사용되는 표현법들입니다.

과장법 (誇자랑할 과 張넓힐 장 法법 법 / Hyperbole)
- 실제 사실이나 사물을 실제보다 부풀리거나 축소하여 제시하는 표현법
- 크게 부풀리는 것만이 과장이 아님을 주의해야 한다. 과장은 실제보다 부풀리거나 축소하여 표현하기 때문에 느낌이나 인상을 강조하는 효과가 있다.

과장법과 관련해서 아이들이 가장 많이 하는 실수는 부풀리는 것만 과장으로 생각하는 것입니다. 화제의 드라마 〈더 글로리〉에서 주인공 문동은의 엄마가 자신의 알코올 의존증을 감추기 위해서 이렇게 말하지요. "딱 한 잔. 한 잔도 아니야. 반 잔, 반 잔. 마셔도 꺾어 마시지."

이처럼 내용을 실제보다 과하게 축소해서 표현하는 것도 과장법이라는 것을 꼭 기억해야 합니다.

영탄법 (詠읊을 영 嘆탄식할 탄 法법 법 / Exclamation)

- 감탄사나 감탄 조사, 감탄형 어미 따위를 이용하여 기쁨, 슬픔, 놀라움과 같은 감정을 강하게 나타내는 표현법
- 표현하고자 하는 내용을 강조하여 강한 느낌을 준다. 시에서는 고조된 감정을 압축하여 표현하기 위해 의문적 영탄법을 사용하는 경우가 많다.

영탄법은 쉽게 이야기하면 '감탄법'입니다. '아, 오, 오호라' 같은 감탄사나 감탄 조사 '구나'를 가장 많이 활용하지요. 아이들은 보통 감탄이라는 단어를 기쁨이나 놀라움, 신기함 같은 긍정적인 내용들과 함께 떠올립니다. 그런데 여기서 쓰는 한자 '탄(嘆)'은 '탄식할 탄'입니다. 슬픔, 아쉬움, 안타까움 같은 감정도 영탄법으로 나타낼 수 있다는 말이지요. 그리고 문학적 표현법들은 대부분 감정을 숨겨 놓거나 돌려서 나타내는 경우가 많은데 영탄법은 직접적으로 표출하는 방법이라는 것도 잘 기억해야겠습니다.

산산이 부서진 이름이여!
허공 중에 헤어진 이름이여!
불러도 주인 없는 이름이여!
부르다가 내가 죽을 이름이여!
- 김소월, 〈초혼〉 중에서

점층법 (漸점점 점 層층 층 法법 법 / Climax)
- 시상이 전개됨에 따라 문장의 뜻을 점점 강하게 하거나, 크게 하거나, 높게 하여 끝에 가서 절정에 이르도록 하는 표현법
- 시에서 쓰이는 점층법은 전반적으로 반복을 바탕으로 수사적인 표현이 어느 정도 덧붙는 것을 말한다. 공간이 커지거나(집-마을-국가), 대상의 크기가 변화(눈-눈덩이-눈사람)할 때 점층법이 두드러진다고 볼 수 있다.

점층법은 내용이 단계적으로 진행되어야 합니다. 그 단계가 최소 셋은 되어야 하지요. '우리 집, 우리 마을'은 안 되고 '우리 집, 우리 마을, 우리나라'까지 세 단계는 되어야 점층법으로 인정한다는 뜻입니다. 말하는 내용의 규모와 범위가 점점 커지거나 넓어지는 것만 점층법이 아니고, 반대로 점점 작아지거나 좁아지는 강조 방법 또한 점층법입니다. 이런 경우 '점강법'으로 따로 부르지요.

지금까지 가장 기본이 되는 문학 개념어들을 살펴보았습니다. 이론이 아무리 탄탄해도 실전에 적용을 못하면 의미가 없지요. 단어와 단어를 조합해서 만들 수 있는 표현의 가짓수는 무한대에 가깝습니다. 그러니 어떤 문장, 어떤 표현이 나와도 당황하지 않고 분석할 수 있으려면 다양한 변수와 변형을 경험하는 것이 필수지요. 그래서 저는 아이들에게 한 가지 개념어를 배울 때마다 그에 대한 예시를 적어도 열 개는 찾

아보라고 이야기합니다. 학부모님도 아이를 지도하실 때는 함께 예시를 만들어 보면 더욱 의미가 있을 것입니다. 훨씬 재미있고 기억에 남을 테니까요.

문학은 아이들이 고등학생이 되는 순간 발목을 딱 잡는 영역입니다. 한 번쯤은 문학의 늪에 빠져서 허우적대는 것이 예정된 미래라고 해도 과언이 아닙니다. 이를 미리 알고 대비한 우리 아이는 예정된 미래에서 한 발짝 멀어졌다 볼 수 있으니 다행한 일입니다.

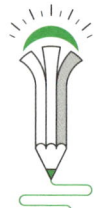

국어 성적, 이렇게 하면 오른다

지금까지 국어 공부가 중요한 이유, 왜 일찍부터 시간을 투자해야 하는지, 아이의 성장 단계를 고려하여 어떻게 공부시켜야 하는지, 독해력 훈련법과 문학 개념어 등을 알아보았습니다. 드디어 많은 분들이 가장 궁금해하는 부분을 말씀드릴 차례입니다. 바로 국어 성적을 올리는 방법입니다.

• 문제 풀이에도 전략이 필요하다

시험은 주어진 시간이 있습니다. 그 시간 안에 문제를 풀어야 하기 때문에 지문을 무한정 들여다보고 있을 수가 없습니다. 그래서 시간을 전략적으로 활용하는 것이 중요하지요. 그런데 시험지를 받아 들면 무의식중에 순서대로 위에서 아래로 읽어 내려가는 학생들이 많습니다.

즉 주어진 지문 먼저, 그다음 문제를 보는 것이지요. 이런 방식으로는 시간을 낭비할 수밖에 없습니다. 지문부터 읽을 때는 거기에만 빠져 문제 풀 준비를 하지 않으니까요. 지문을 한 번 읽고 완벽하게 기억하지 않는 이상 막상 문제를 풀 때는 내용을 까먹어 풀이에 필요한 부분을 다시 찾아 읽어야 할 것이 뻔합니다. 이는 하수의 전략입니다. 사실상 전략이라고도 할 수 없지요.

그럼 고수들은 어떻게 할까요. 문제를 먼저 죽 훑습니다. 그냥 훑기만 하는 것이 아니라 출제자의 의도를 파악하는 것이지요.

'아, 그림과 관련된 문제구나'
'순서? 배열? 그런 것과 관련이 있겠는데?'
'주제를 물어보겠네'

이런 것들을 염두에 두고 대략적으로 지문을 어떻게 읽을 것인지 전략을 세워야 합니다. 그런 후에 지문과 선지를 '끊어' 읽으며 정독하는 것이지요. 이때 지문을 읽는 내내 먼저 읽었던 문제들을 기억해야 합니다. 그래야 필요한 내용이 나오면 즉시 확인하고 체크할 수 있으니까요. 이런 방식으로 시험지를 읽는 습관을 들이면 시간도 효율적으로 사용할 수 있고 독해 능력도 빠르게 상승합니다. 국어 성적을 올리는 가장 확실한 비법이지요.

실제 학생이 수립한 문제 풀이 전략

"전에는 그냥 지문을 읽고 풀려고 하면, 무작정 읽고 모르겠으면 찾아보기를 했는데 엄태욱 선생님 강의를 들으며 읽기 전에 전략을 세우고 지문과 선지를 끊어 읽으면서 푸니 국어에 자신감도 생기고 국어가 훨씬 좋아진 것 같다."

실제 학생이 말한 변화 후기

• 실수를 줄여라

아무리 전략을 세워 독해를 열심히 하고 침착하게 문제를 풀어도 사람인 이상 실수가 없을 수는 없습니다. 실수를 안 해야 한다는 강박에 사로잡히면 시야가 좁아져 오히려 엉뚱한 실수가 더 많이 나올 수도 있습니다. 그러니 실수를 절대로 '안' 하겠다가 아니라 '줄여' 나가겠다는 마음가짐이 필요합니다. 그럼 실수를 줄이기 위해서는 어떤 대책들이 필요한지, 실수의 원인부터 구체적인 대안까지 이야기해 보도록 하겠습니다.

우선 틀린 원인에 집착해야 합니다. 실수의 원인은 크게 두 가지가 있는데, 첫 번째 원인은 집중력 부족입니다.
"아, 문제를 잘못 읽었네!"
"어, 이거 못 봤어!"

뒤늦게 이렇게 아쉬워하면 흔히들 '실수도 실력이다'라고 말합니다. 이 말은 맞는 면도 있고 맞지 않은 부분도 있습니다. '실력'의 의미가 내용 이해가 부족했다거나, 암기가 충분하지 않았다는 뜻이라면 이 말은 맞지 않습니다. 실수와 실력은 관계가 없습니다. 몰라서 틀리는 것은 실수가 아니니까요. 실력으로는 흠잡을 데가 없는 최상위권 아이들도 실수는 합니다. 그럼 무엇이 문제일까요? 바로 '집중력'입니다. 그러니 '실수도 실력이다'의 실력에 집중력도 포함시킨다면 이 말은 맞는 말이 되겠지요. 집중력 부족으로 일어나는 실수는 훈련으로 충분히 개선할 수 있습니다.

두 번째 원인은 이야기가 좀 다릅니다.

"이거 도대체 왜 틀렸지?"

이런 반응이 나온다는 것은 자기가 왜 실수를 했는지도 모르고 실수를 했다는 것이지요. 즉 인지 부족이 원인이라는 뜻입니다. '왜 틀렸는지는 모르겠지만 결과를 보니 뭔가 실수한 것 같기는 해. 에이, 다음에는 잘해야지' 이렇게 넘어가면 발전이 있을까요? 이런 행동은 자기 안에 쌓인 나태한 습관, 문제를 대하는 기본적인 태도 등에서 비롯된 것입니다. 국어는 일반적인 학문이기 이전에 우리 몸에 배어 있는 모국어입니다. 그래서 단순히 학습의 차원이 아니라 삶에 배어 있는 근본적인 것들을 뜯어고치려는 노력이 없으면 같은 실수를 계속해서 반복할 수밖에 없고 성적은 나아지지 않습니다. 그래서 제가 늘 '국어는 태도로 푸는 것'이라고 강조하고 또 강조하는 것이지요.

이렇게 인지 부족으로 실수하는 학생들에게 주는 솔루션은 '집착'입니다. 자신이 왜 실수를 했는지, 그 원인을 끝까지 캐내고 밝히려고 하는 집착이 있어야 합니다. 의식적으로 끝까지 물고 늘어져서 왜 틀렸는지를 완벽하게 밝혀내라는 것이지요. 이는 아이의 타고난 성격과는 관계가 없습니다. 원래는 욕심 없고 느긋한 성격이라 무언가에 집착하는 성격이 아니라 해도 문제를 풀 때만큼은 집중력을 발휘하여 의혹을 남기지 않는 습관을 들여야 합니다. 실수의 원인을 아는 것이 실수를 개선하기 위한 첫걸음입니다. 그런 다음 그 실수를 개선할 수 있는 방법을 찾아야지요.

• **네 개, 네 개, 네 개**

객관식에서 '적절한 것을 고르시오' 혹은 '적절하지 않은 것을 고르시오'라는 문제가 나왔을 때 많은 학생들이 선지를 읽다 '2번이 정답이다' 싶으면 나머지는 제대로 읽지 않고 흥분해서 냅다 2번에 체크하고 넘어가는 실수를 하곤 합니다. 답은 5번인데 말이지요. 출제자가 의도적으로 심어 놓은 '매력적인 오답'에 시원하게 풍덩 빠져 주는 격이랄까요. 그래서 저는 학생 시절 시험에서 오지선다형 문제를 풀기 전에 항상 속으로 주문처럼 외는 말이 있었습니다. 예를 들어 '다음 보기 중 적절하지 않은 것을 고르시오'라는 문제라면 이렇게 중얼거리는 것이지요.

"동그라미 네 개, 동그라미 네 개, 동그라미 네 개."

적절하지 않은 하나를 고르라는 것은 적절한 것이 네 개 있다는 뜻입니다. 그것들을 찾아 먼저 동그라미를 그리고, 확실하게 네 개의 동그라미가 다 그려지기 전에는 절대 답을 체크하지 않겠다는 의지가 담긴 주문이었습니다. 이렇게 하면 적절한 것을 고르라고 했는데 적절하지 않은 것을 고른다거나 혹은 그 반대의 경우에 실수가 없습니다. 선지 하나

하나를 꼼꼼하게 확인하게 되니까요. 물론 '적절한 것을 고르시오'라는 문제가 나왔을 때는 '동그라미 네 개' 대신 '엑스 네 개'를 중얼거려야겠지요.

• 정답의 기준은 항상 '주제'

객관식 문제 중에 '가장' 적절한 것을 고르라는 것들이 있지요. '가장' 적절한 것이 있다는 의미는 그보다 조금 덜 적절한 것도 있다는 뜻입니다. 즉 적합도가 25%, 50%, 75% 이렇게 되는 선지들이 섞여 있다는 것이지요. 일단 문제를 풀 때는 모든 선지를 처음부터 끝까지 읽는 것이 원칙이지만 '가장'이라는 말이 나왔을 경우는 죽었다 깨도 1번부터 5번까지를 다 확인한다는 생각을 해야 합니다.

그런데 '가장' 적합하다의 기준은 무엇일까요? 당연히 기준점은 '주제'입니다. 그러니 선지끼리 놓고 비교하는 것은 의미가 없습니다. '1번보다 2번이 더 맞는 말 같은데?'가 아니라 '주제랑은 2번이 더 가까워'라고 판단해야 한다는 뜻이지요. 모든 시험은 객관성을 확보해야 합니다. 누가 보아도 문제와 정답에 이견이 없어야 하지요. 그러자면 '주제' 이외의 다른 기준이 있을 수 없습니다. 이 사실을 항상 머리에 새기고 문제를 풀어야 합니다.

• 헷갈리는 문제 제대로 푸는 법

한 번에 확실하게 동그라미나 엑스가 네 개씩 그려진다면 더없이 좋겠지만 그렇지 않은 경우도 종종 있습니다. 3번이냐 4번이냐가 계속 헷갈리는 경험, 다들 해 보셨을 것입니다. 이럴 때는 문제에 별 표시를 한 다음 과감하게 다음 문제로 넘어가야 합니다. 풀리지 않는 문제로 고민하다 뒤에 남은 문제들을 푸는 데 지장이 있으면 안 되니까요. 모든 문제들을 차분히 다 풀고 점검까지 마친 후 별 표시를 해 두었던 문제로 돌아옵니다. 여기까지는 대부분의 학생들도 곧잘 하는 패턴이지요. 그런데 문제는 돌아와서도 또다시 원래 고민하던 3번과 4번부터 본다는 것입니다. 헷갈리는 문제에 표시를 해 두었다가 나중에 다시 보라고 하는 것은 풀 수 있는 문제들부터 실수 없이 잘 풀라는 뜻도 있지만 그사이 냉정을 되찾고 그 문제를 객관적으로 살필 여유를 찾으라는 의미도 있습니다. 그런데 돌아와서 똑같은 행동을 되풀이한다면 처음과 달라진 것이 무엇일까요?

사실 사람의 마음은 객관적이기 쉽지 않습니다. 3번과 4번 중에 헷갈린다고는 하지만 마음속으로는 더 쏠리는 쪽이 분명히 있겠지요. 예를 들어 그게 4번 선지였다면 표시하고 넘어갔다 다시 돌아온 다음에도 여전히 4번 쪽으로 눈길이 더 가는 게 보통이라는 뜻입니다. 4번이 정답이어야 하는 쪽으로 자꾸만 생각이 짜 맞춰지겠지요. 뭔가에 꽂히면 생각이 거기에 맞춰 쏠리게 되는 이런 현상을 '확증 편향'이라고 합니다. 결론은 정답을 찾는 게 아니라 원래 찍고 싶었던 걸 찍게 되기 쉽다는 것입니다. 그럼 이런 확증 편향에서 벗어나기 위해서는 어떻게 해야 할까요? 초심으로 돌아가 앞서 머릿속에 떠올렸던 생각을 덜어 내고 지문부터 선지까지 마치 처음 보는 것처럼 다시 보아야 합니다. 그렇게 하면 처음에는 보이지 않았던 함정과 정보가 훨씬 더 잘 보입니다. 물론 정답을 판단하는 기준은 항상 '주제'라는 것은 기본이지요.

• 만점을 위한 마지막 1%의 비법

국어 성적이 타 과목에 비해 올리기 어렵다고는 하지만 올바른 학습 방법을 알면 그리고 일찍부터 충분한 시간을 들여 노력한다면 분명히 성과가 있습니다. 하지만 그래도 여전히 만점의 벽은 만만치 않지요. 그

마지막 1%의 고비를 넘는 비법은 따로 있습니다. 앞서 독해력 훈련에서 '의미 단위대로 끊어 읽기'의 중요성을 말씀드렸지요. 상위권 학생들은 이 '끊어 읽기'를 더욱 세밀하게 합니다. 특히 최상위권일수록 선지를 잘게 잘게 쪼개서 보는 아이들이 많지요. '국어 고수는 쪼개기의 달인'이라고 할 수 있습니다.

철수도 밥을 먹는다 → 철수/도/ 밥/을/ 먹/는/다

이런 식으로 형태소 단위로까지 문장을 쪼개 그 한 글자 한 글자에 담긴 미세한 차이조차 놓치지 않는다는 것입니다. 쪼개기는 수능에서도 유용하지만 특히 학교 내신에서 위력을 발휘합니다. 내신 시험 문제를 출제하는 학교 선생님의 유형은 크게 두 가지입니다. 자신이 가르친 내용을 토씨 하나 안 틀리고 그대로 내는 유형과 토씨만 살짝 바꿔서 내는 유형입니다. 그런데 가르친 내용은 한정되어 있고 그 안에서 변별력은 있어야 하니 얼마나 변형이 세심하게 이루어질까요. 그래서 작은 토씨 하나 놓치지 않으려는 노력이 있어야 만점을 받을 수 있다는 것이지요.

흔히 국어는 언어적 감각을 타고나야 한다고들 합니다. 일정 부분 맞는 말입니다. 하지만 학생들이 국어를 공부하는 이유는 문학 작품을 쓰거나 화려한 언변을 자랑하는 사람이 되기 위해서가 아닙니다. 궁극적으로는 우리의 말과 글을 이해하고 다양한 학문을 익히는 데 필요한 문해력을 갖추기 위해서지요. 이러한 학습 영역의 국어 실력은 감각이 아니라 노력으로 갈고닦아야 성장합니다. 오히려 어설픈 감이 시험을 망칠 수도 있기 때문에 용어 하나, 문법 하나를 알더라도 더욱 정확성을 기할 필요가 있지요. 그러니 뒤늦게 국어에 '공부해도 성적 안 오르는 과목'이라는 억울한 누명을 씌우지 마시고 지금부터 천천히 국어의 기초를 마련해 주시는 게 어떨까요.